ISBN: 978-3-98660-023-5

© 2022 Kampenwand Verlag
Raiffeisenstr. 4 · D-83377 Vachendorf
www.kampenwand-verlag.de

Versand & Vertrieb durch Nova MD GmbH
www.novamd.de · bestellung@novamd.de · +49 (0) 861 166 17 27

Text: Hanna Mutig
Covergestaltung und Satz: Wolkenart – Marie-Katharina Becker
Druck: CUSTOM PRINTING
Wał Miedzeszynski 217, 04-987 Warszawa, Polen

Dieses Buch gehört dem wunderbaren
Geschöpf Gottes

....

Hanna Mutig

Ella *und die* Suche *nach* Gott

Inspirierende Geschichten für mehr Mut, innere Kraft und Selbstliebe

Inhalt

Ella und die Suche nach Gott   7

Ella und die neue Schule   9

Ella und Rusul   24

Ella, Gott, Allah und Jahwe   45

Ella und das kranke Pferd   60

Ella die Ministrantin   78

Ella und der Kuchenbazar   93

Ella und Anna   113

Ella und die Suche nach Gott

Manchmal fühlst du dich alleine.

Manchmal denkst du, dass dich niemand versteht oder, dass du dich in einer Situation befindest, aus der du keinen Ausweg mehr findest. All diese Gefühle und Gedanken, die sich in diesen Momenten in dir breitmachen, sind vollkommen normal.

Doch, wenn du ganz genau in dich gehst, wirst du merken, dass du nie alleine bist. Du kannst dich immer auf einen treuen Begleiter in deinem Leben verlassen.

Gott , der mal vor dir geht, um dir den Weg zu weisen, mal neben dir läuft, um dir die Hand zu reichen oder mal hinter dir steht, um dich zu stützen.

Gott hilft dir in all deinen Lebenslagen und lässt dich nie alleine.

Die Geschichten in diesem Buch werden dir zeigen, wie Gott dir helfen kann. Auch wenn du ihn nicht immer sehen kannst.

Das Buch wird dir auch bei folgenden Fragen helfen:

Wer bin ich?
Warum bin ich auf der Welt?
Warum habe ich manchmal Angst?
Wie kann ich stärker werden?

Das sind zentrale Fragen, die sich Kinder und Jugendliche besonders häufig stellen.

Komm mit auf eine Reise für Mädchen und Jungen mit inspirierenden Geschichten für mehr Mut, innere Kraft und Selbstliebe.

Spüre Gott!

Denn du bist niemals alleine...

Ella und die neue Schule

„Mama, ich möchte nicht auf die neue Schule gehen. Ich vermisse meine alte Schule und meine alten Freunde. Ich weiß nicht, warum wir unbedingt in eine neue Stadt ziehen mussten", klagte Ella und stocherte in ihrem Müsli herum. Sie hatte keinen Hunger. Ihr Bauch tat weh und sie hatte das Gefühl, sich übergeben zu müssen.

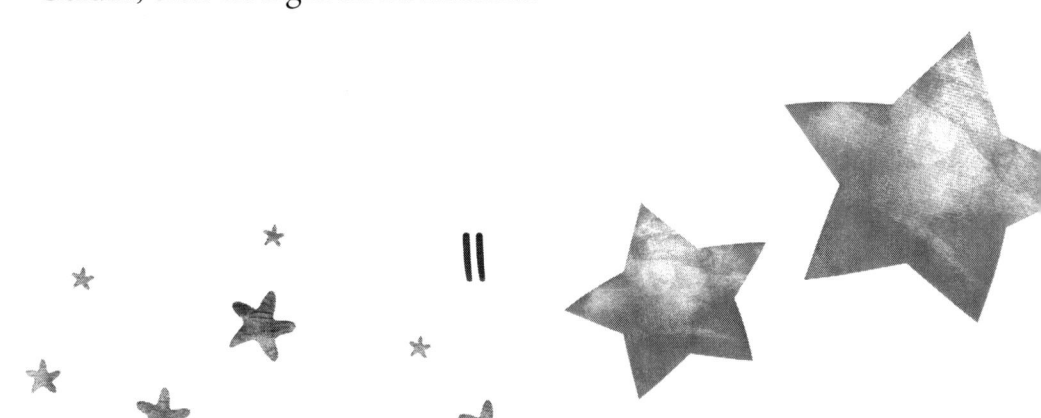

„Ella, ich weiß, dass der Umzug nicht leicht für dich war",
antwortete ihre Mutter und lächelte sie dabei verständnisvoll
an.

„Ich weiß auch, dass du deine alte Schule vermisst. Aber ich
habe in dieser neuen Stadt ein tolles Jobangebot bekommen,
auf das ich schon sehr lange gewartet habe. Es ist meine große
Chance, die ich nicht einfach so ziehen lassen kann," erklärte
sie ihrer Tochter, die sie traurig ansah.

„Ich musste den Job annehmen, um uns ein besseres Leben
zu ermöglichen", fuhr sie fort. Ella wusste, dass ihre Mutter
Recht hatte, doch sie war trotzdem traurig.

„Du darfst traurig und wütend sein, Schatz. Ich verstehe dich
sehr gut. Aber ich hoffe, dass du verstehst, dass ich das nicht
gemacht habe, um dich zu ärgern. Ich habe den neuen Job
angenommen, um uns ein schöneres Leben möglich machen
zu können."

„Ja, ein Leben ohne Freunde. Denn meine Freunde sind alle
auf meiner alten Schule", trotzte Ella und legte ihren
Löffel beiseite. Sie wollte nichts mehr essen.

12

„Ich bin mir sicher, dass du auf deiner neuen Schule auch Freunde finden wirst, Ella", sagte ihre Mutter und lächelte sie aufmunternd an.

„Wenn du offen auf die Kinder zugehst, wirst du sehen, wie schnell du neue Freunde finden wirst", sagte sie und biss in ihr Toastbrot.

Nachdem ihre Mutter ihr das Pausenbrot zubereitet und sich Ella umgezogen hatte, machten sie sich auf den Weg in die neue Schule. Ellas Mutter begleitete sie bis in das Schulgebäude, sprach kurz mit Ellas neuer Klassenlehrerin und verabschiedete sich dann von ihrer Tochter.

„Ich hole dich nach der Schule wieder ab", versprach sie und Ella nickte.

Es war Zeit für die Schule. Die Klingel schellte und es kehrte Stille in das Klassenzimmer ein. Alle Blicke waren auf Ella gerichtet, die neben dem Pult stand und darauf wartete, einen Platz von der Lehrerin zugewiesen zu bekommen.

„Also meine Lieben, wir haben ab heute eine neue Schülerin. Das ist Ella", ergriff die Lehrerin, Frau

Braun, das Wort und Ella fühlte sich unwohl. Sie mochte es nicht im Zentrum der Aufmerksamkeit zu stehen und wusste auch nicht, was sie mit ihren Händen machen sollte.

Aus lauter Verzweiflung griff sie zu ihrem Hals, an dem ihre Kette hing, die sie von ihren Großeltern zur Kommunion bekommen hatte. Sie griff nach dem Kreuz und spielte mit der Kette. Sie erinnerte sich daran, was der Pfarrer bei ihrer Erstkommunion gesagt hatte. Gott wäre immer bei ihr und würde sie immer auf allen Wegen begleiten. Ella war jedoch zu aufgeregt und zu nervös, um darauf zu achten, ob Gott bei ihr war. Sie wollte einfach nur einen Platz zugeteilt bekommen, um nicht mehr vor der Klasse stehen zu müssen.

„Magst du etwas über dich erzählen?", fragte Frau Braun und lächelte Ella aufmunternd an.

Ella lief rot an und räusperte sich.

„Ich, ähm, ich…", stammelte sie und klammerte sich noch fester an ihrem Kreuzanhänger ihrer Kette fest.

14

„Ich bin Ella und bin erst vor ein paar Tagen hierhergezogen", sagte sie und Frau Braun lächelte.

„Es ist nicht leicht, sich auf einmal an eine neue Schule gewöhnen zu müssen. Aber ich bin mir sicher, dass du dich schnell und gut in deine neue Klasse einleben wirst. Alle Kinder sind sehr nett und du wirst bestimmt viele Freunde finden", versuchte Frau Braun sie aufzumuntern. Ella nickte und lächelte leicht.

Frau Braun hatte ihr einen Platz neben einem Mädchen zugeteilt, das Ella freundlich anlächelte.

„Hi, ich bin Maria", stellte sich das Mädchen vor und Ella erwiderte ihr Lächeln.

„Ich bin Ella", antwortete sie und machte es sich auf ihrem Stuhl bequem und schaute auf Marias Seite des Tisches. Auf dem Federmäppchen war ein weißes Pferd abgebildet. Ella dachte, dass Maria bestimmt Pferde mochte.

Als sie ihren Blick auf den Schulranzen von Maria fallen ließ, erkannte sie auch auf ihm ein schönes Pferdemuster. Ella musste grinsen.

„Magst du Pferde?", fragte sie und Maria strahlte sie an und nickte.

„Pferde sind meine absoluten Lieblingstiere", antwortete sie und ihre Augen leuchteten.

„Magst du auch Pferde?", fragte sie und Ella nickte.

„Ja. In meiner alten Stadt bin ich jede Woche zweimal zum Reiten gegangen. Ich vermisse den Reitstall", seufzte sie und Maria schaute sie verständnisvoll an.

„Vielleicht magst du mich in den nächsten Tagen ja mal nach der Schule besuchen kommen", bot sie an.

„Ich wohne auf einem Reiterhof und habe viele Pferde. Dann können wir gemeinsam reiten und uns auch ein bisschen besser kennenlernen. Du siehst sehr nett aus", fuhr sie fort und Ella konnte kaum glauben, was sie hörte.

„Wirklich?", fragte sie und Maria grinste.

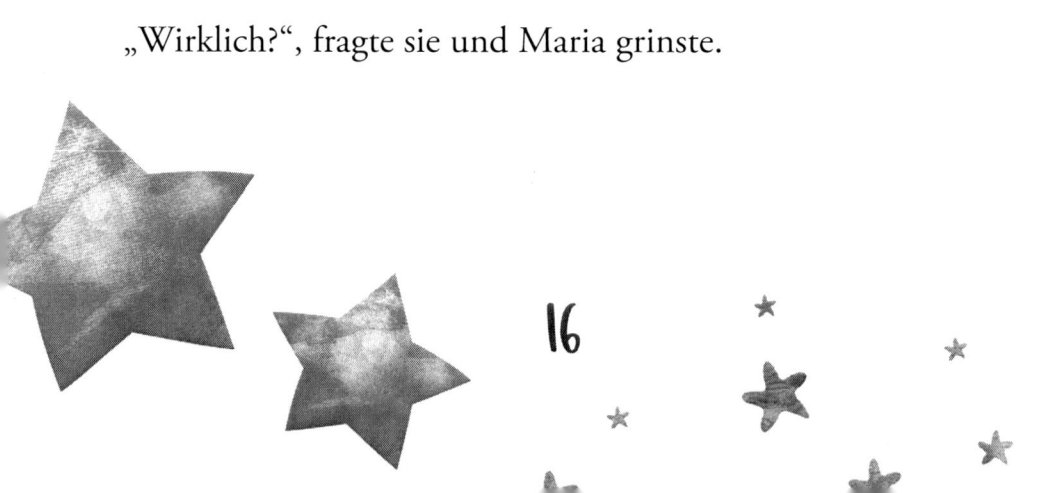

„Na klar. Ich frag meine Eltern, wann es am besten passt, und dann können wir uns verabreden", sagte sie und Ella lächelte.

„Das klingt super", erwiderte sie und holte dann auch ihre Schulunterlagen heraus.

Sie fühlte sich auf einmal gar nicht mehr so einsam und unsicher. Zwar kannte sie Maria noch nicht wirklich gut und musste auch all ihre anderen Klassenkameraden erst noch kennenlernen, doch sie fühlte sich nicht mehr so unsicher und so alleine.

Als der Schultag zu Ende war, verabschiedete sich Ella von Maria und hielt auf dem Schulhof Ausschau nach ihrer Mutter. Sie stand in der Nähe des großen Baumes, der den Schülern in der großen Pause an sonnigen Tagen Schatten spendete, und winkte Ella zu.

„Hallo mein Schatz, wie war dein Tag?", fragte sie, nachdem sie Ella umarmt hatte.

„Gar nicht so schlimm, wie ich es mir vorgestellt hatte", gab Ella zu und ihre Mutter grinste.

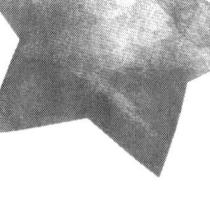

„Hast du nette Kinder kennengelernt?"

„Ja. Ein Mädchen. Sie heißt Maria und ich sitze neben ihr", erzählte Ella.

„Sie liebt Pferde. Genau wie ich und wir haben uns sofort super verstanden", fuhr sie fort und ihre Mutter hörte ihr aufmerksam zu.

Sie erzählte ihrer Mutter davon, dass Maria auf einem Reiterhof wohnte und sie eingeladen hatte, sie in den nächsten Tagen zu besuchen, um gemeinsam zu reiten.

Ellas Mutter war einverstanden, wollte Ella jedoch das erste Mal auf den Reiterhof begleiten, um Maria und ihre Eltern persönlich kennenzulernen.

Die Tage vergingen und Ella und Maria freundeten sich immer mehr an. Sie hatten sich für Freitagnachmittag verabredet und Ella konnte es kaum abwarten, Maria zu besuchen und die Pferde auf ihrem Reiterhof kennenzulernen.

Am Freitag nach der Schule, verabschiedeten sich Maria und Ella voneinander. Ella ging nach Hause, um dort zu Mittag zu essen und anschließend mit ihrer Mutter zu Maria und zu ihrer Familie zu fahren.

„Na, freust du dich?", fragte Ellas Mutter und Ella nickte ganz stark.

„Ich kann es kaum glauben, dass ich so schnell eine Freundin gefunden habe", antwortete sie und spielte erneut mit dem Kreuzanhänger ihrer Kette.

„Wir haben uns sofort verstanden. Ich war nicht so schüchtern wie sonst und hatte direkt den Mut, sie auf die Pferde auf ihrem Federmäppchen anzusprechen", erzählte Ella ihrer Mutter, die aufmerksam zuhörte.

„Ich habe mich leicht und unbeschwert gefühlt und gedacht, dass ich es einfach versuchen sollte, sie auf die Pferde anzusprechen", fuhr sie fort und steckte sich dann eine Gabel voller Nudeln in den Mund.

„Weißt du noch, was der Pfarrer auf der Erstkommunion gesagt hat?", fragte Ellas Mutter und Ella nickte.

„Du bist nie alleine, Ella. Auch, wenn du Gott nicht sehen kannst, kannst du ihn in vielen kleinen Dingen spüren, die dir passieren", erklärte sie und Ella dachte genauer über die Worte ihrer Mutter nach.

„Meinst du, dass mich Frau Braun mit Absicht neben Maria gesetzt hat?", fragte Ella und ihre Mutter nickte.

„Ja, ich habe ihr im Telefonat gesagt, dass du Pferde magst. Bestimmt hat sie gemerkt, dass du nervös bist, und sie hat dich neben Maria gesetzt."

„War das dann Gott, der mir geholfen hat?", fragte Ella und ihre Mutter überlegte für einen Moment.

„In einem gewissen Sinn, ja.", antwortete ihre Mutter und räusperte sich.

„Gott zeigt sich durch unterschiedliche Dinge. Durch einen netten Menschen, der dir in einer

schweren Situation hilft, oder auch durch bestimmte Gemeinsamkeiten, die du mit anderen Menschen hast", fuhr sie
fort und Ella lächelte.

Ella wurde sich an dieser Stelle bewusst darüber, dass alles aus
einem Grund passierte. Auch, wenn es am Anfang schwer
sein mag, sich an neue Situationen zu gewöhnen und neue
Dinge zu akzeptieren, weiß Gott ganz genau, auf welchen
Weg er uns schickt. Auch, wenn Ella anfangs Schwierigkeiten damit hatte, sich an die neue Schule zu gewöhnen,
war sie auf ihrem Weg nie alleine und hat Maria kennengelernt.

„Es ist spät!", rief ihre Mutter auf einmal aus, nachdem sie auf
die Uhr geblickt hatte.

Ella aß schnell ihre Nudeln auf, griff nach ihrer Reittasche
mit ihrer Ausrüstung und ging dann gemeinsam mit ihrer
Mutter zum Auto.

Als sie auf dem Reiterhof angekommen waren, spürte Ella,
wie sich Freude und Glück in ihr ausbreiteten. Sie fühlte
sich entspannt und gelassen – fast so, wie in

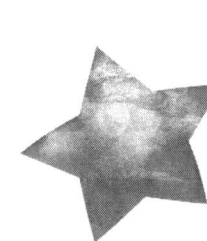

21

ihrer alten Stadt auf dem alten Reiterhof, auf dem sie immer reiten gegangen war.

„Hallo, Ella!", wurde sie von einer grinsenden Maria begrüßt.

„Hi ‚Maria", erwiderte Ella die freundliche Begrüßung mit einem großen Lächeln und holte ihre Reitertasche aus dem Auto.

„Da kommt schon meine Mama", sagte sie und hinter Maria erschien eine Frau mit blonden Haaren und einem breiten Grinsen wie das von Maria.

„Hallo, ich bin Britta", stellte sich Marias Mutter vor und schaute Ellas Mutter für einen Moment erstaunt an.

„Freut mich, ich bin Julia", erwiderte Ellas Mutter und schaute Marias Mutter ebenfalls erstaunt an, während sie ihr die Hand zur Begrüßung ausstreckte.

„Britta?", fragte sie dann und hielt die Hand von Marias Mutter etwas länger fest.

„Aber nicht Britta Bernhard, oder?“

Marias Mutter überlegte für einen kurzen Moment und riss dann ihre Augen weit auf.

„Jetzt weiß ich, woher ich dich kenne. Du bist Julia Peters“, sagte sie und Ellas Mutter nickte.

Ella und Maria schauten ihre Mütter fragend an und wussten nicht, was passiert war.

„Heißt das, dass ihr euch kennt?“, fragte Ella und die beiden Mütter nickten.

„Britta und ich waren in der Schule beste Freundinnen“, sagte Ellas Mutter.

„Bis ich weggezogen bin und wir den Kontakt verloren haben“, fuhr Marias Mutter fort und streckte ihre Arme aus, um Ellas Mutter zu umarmen.

„Ich glaube, dass wir uns viel zu erzählen haben“, sagte sie und Ellas Mutter nickte.

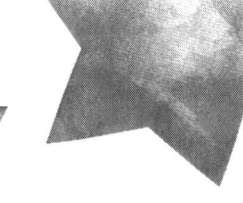

„Mädchen, was haltet ihr davon, wenn ihr spielen geht? Später gibt es Kaffee und Kuchen. Ihr könnt auch reiten gehen. Das heißt, wenn du sicher auf dem Pferd reiten kannst, Ella", schlug Marias Mutter vor und Ella nickte.

„Ja. Ich nehme seit Jahren Reitunterricht. Ich kann gut und sicher auf einem Pferd reiten", antwortete sie und machte sich dann gemeinsam mit Maria auf dem Weg zum Reitstall.

„Ich kann nicht glauben, dass sich unsere Mütter kennen", sagte Maria ungläubig, als sie das Tor des Reitstalls betrat und die Sattel holte, um die Pferde für den Ausritt vorzubereiten.

„Ich auch nicht. Das ist wirklich ein großer Zufall", stimmte Ella zu und hielt für einen Moment inne. Vielleicht war es Zufall. Vielleicht hatte aber auch Gott seine Finger im Spiel. Ella wusste, dass auch ihre Mutter die alte Stadt vermisste und keine Freunde in der neuen Stadt hatte.

Aber dadurch, dass Ella Maria kennengelernt hat, hatte ihre Mutter ihre alte Freundin wiedergefunden und war jetzt auch nicht mehr alleine in der neuen Stadt. Ella griff erneut nach dem Kreuzanhänger an ihrer Kette und

fühlte ein Gefühl der Wärme und Geborgenheit. Sie war wirklich nicht alleine.

Mit einem breiten Grinsen sattelte sie das Pferd, um dann gemeinsam mit Maria durch die Natur zu reiten. Das Leben in der neuen Stadt würde doch nicht so schlimm werden, wie sie befürchtet hatte. Im Gegenteil – sie hatte das Gefühl, dass Gott noch viel mit ihr vorhatte…

Ella und Rusul

Es war einige Zeit vergangen seit Ella neu in die Stadt gezogen war und Maria kennengelernt hatte. Die beiden Mädchen hatten sich inzwischen stark miteinander angefreundet und trafen sich regelmäßig nach der Schule, um gemeinsam reiten zu gehen oder bei Ella zu Hause zu spielen. Auch ihre Mütter trafen sich regelmäßig und konnten es immer noch kaum glauben, sich wiedergefunden zu haben.

Durch die Freundschaft zu Maria fühlte sich Ella so wohl, dass sie auch schnell Mut fasste und andere Kinder aus ihrer Klasse ansprach. Auf dem Pausenhof spielte sie gemeinsam mit ihren Klassenkameraden

Verstecken und Fangen und fügte sich sehr gut in die neue Klasse ein. Sie fühlte sich wohl.

Natürlich dachte sie ab und zu noch an ihre alte Stadt und an ihre alten Freunde. Doch ihre Mutter hatte ihr vorgeschlagen, in den nächsten Ferien für ein paar Tage in ihre alte Stadt zu fahren, um dort ihre alten Freunde zu besuchen.

Die Wochen vergingen und Ella hatte immer mehr Freunde. Maria wurde jedoch ihre beste Freundin. Mit Maria verstand sie sich einfach am besten. Sie hatten viele Gemeinsamkeiten und konnten Stunden miteinander verbringen, ohne sich zu langweilen. Sie mochten nicht nur beide Pferde, sondern sie malten auch beide sehr gerne, hörten dieselbe Musik und verkleideten sich gerne.

Sie fanden also immer etwas, womit sie sich ihre Zeit vertreiben konnten.

An einem Morgen kam die Klassenlehrerin Frau Braun nicht pünktlich mit dem Klingeln ins Klassenzimmer, um den Unterricht zu starten.

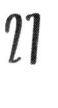

„Was wohl mit Frau Braun los ist?", fragte Maria und Ella zuckte mit den Schultern.

„Gute Frage! Vielleicht steht sie im Stau?"

„Ja das kann sein", sagte Maria und holte gerade ihr Ausmalbuch aus ihrem Schulranzen, als Frau Braun im Klassenzimmer erschien.

„Guten Morgen", begrüßte sie die Klasse und ging dann zu ihrem Pult. Hinter ihr erschien ein Mädchen, das nervös mit ihren Händen spielte und ihren Blick unsicher auf den Boden gerichtet hatte.

„Ich möchte euch heute Rusul vorstellen. Sie ist neu in unserer Klasse und ich bin mir sicher, dass ihr sie mit offenen Armen empfangen werdet", sagte Frau Braun und ließ ihren Blick durch die Klasse schweifen.

„Rusul, magst du etwas über dich erzählen?", fragte Frau Braun und Ella merkte, wie sich ein laues Gefühl in ihrem Magen breitmachte. Sie konnte sich noch sehr gut daran erinnern, wie sie vor wenigen Wochen vor der Klasse

stand, und sich vorstellen sollte. Sie verstand, wie sich Rusul fühlte, war jedoch froh, nicht nochmal an ihrer Stelle zu sein. Automatisch ließ sie ihren Blick auf Rusuls Hals fallen und stellte fest, dass sie keine Kreuzkette trug, an der sie sich festhalten konnte. Stattdessen spielte sie nervös mit ihren eigenen Händen.

„Ich bin Rusul. Ich bin neu in der Stadt. Wir sind erst vorgestern hergezogen", sagte Rusul, während sie auf den Boden blickte und Frau Braun lächelte.
„Du wirst sehen, dass du dich gut hier einleben wirst", versuchte sie die neue Schülerin aufzumuntern.

„Mal sehen, wo wir dich hinsetzen?", fragte sie und ließ ihren Blick durch die Klasse wandern.

„Ella."

„Mh?", fragte Ella und hob ihren Kopf, um zu sehen, was Frau Braun von ihr wollte.

„Ich denke, dass du die beste Banknachbarin für Rusul bist. Schließlich weißt du, wie es sich anfühlt,

neu in der Klasse zu sein. Ich bin mir sicher, dass du sie bestens begleiten wirst", verkündete Frau Braun und Ella schaute sie mit aufgerissenen Augen an.

„Aber, ich sitze neben Maria!", protestierte sie.

„Ich will keine andere Banknachbarin haben", fuhr sie fort und verschränkte die Arme vor ihrer Brust.

„Ella, ich würde es sehr begrüßen, wenn du Rusul ein bisschen dabei helfen würdest, sich bei uns einzuleben", sagte Frau Braun und Ella schüttelte ihren Kopf.

„Das kann ich auch machen, ohne neben ihr zu sitzen. Ich will an meinem Platz sitzen bleiben – neben Maria", sagte sie.

„Und ich will, dass Ella neben mir sitzenbleibt", unterstützte Maria ihre beste Freundin.

Frau Braun seufzte und schaute sich erneut in der Klasse um.

„Rusul – wie wäre es, wenn du dich neben Karl setzt?", fragte sie.

Karl nickte und Rusul ging langsam und mit dem Blick auf den Boden gerichtet zur Bank, auf die Frau Braun gezeigt hatte.

Ella beobachtete Rusul und erst in diesem Moment wurde ihr klar, wie es sich für Rusul angefühlt haben musste, von ihr abgewiesen zu werden. Ella hatte nichts gegen Rusul. Sie sah sehr nett aus. Aber sie wollte ihren Platz nicht wechseln. Sie fühlte sich neben Maria so wohl, dass sie einfach keine neue Banknachbarin wollte.

Ella beschloss, in der Pause mit Rusul zu sprechen, um ihr zu sagen, dass sie nichts gegen sie hatte und, dass sie wusste, wie sie sich fühlen musste.

Als die Klingel zur großen Pause läutete, nahmen sich Ella und Maria ihre Pausenboxen und gesellten sich gemeinsam zu den anderen Kindern auf den Pausenhof.

„Hast du Rusul gesehen?", fragte Ella Maria, die sich ebenfalls umsah und anschließend ihren Kopf schüttelte.

31

„Nein. Komisch – es müssen doch alle Kinder in der Pause auf den Pausenhof", sagte sie und Ella zuckte mit ihren Schultern.

Als sie zurück ins Klassenzimmer kamen, saß Rusul bereits auf ihrem Platz. Ella bemerkte, dass sie kein Pausenbrot hatte und auch keine Pausenbox auf ihrem Tisch stand. Also näherte sie sich der neuen Schülerin und blieb vor ihr stehen.

„Hi, Rusul. Ich bin Ella", sagte sie und strecke ihre Hand aus.

„Ich weiß." Antwortete sie traurig und verschränkte ihre Arme vor der Brust.

„Du wolltest nicht neben mir sitzen", fuhr sie fort und Ella fühlte sich schuldig.

„Es tut mir leid. Das hat nichts mit dir zu tun", fing sie an, wurde jedoch von Rusul unterbrochen.

„Wirklich nicht? Es hat nichts damit zu tun, dass ich anders bin und ein Kopftuch trage?", fragte sie. Sie schien sauer zu sein.

Ella schüttelte ihren Kopf.

„Du bist nicht anders, weil du ein Kopftuch trägst", antwortete sie.

„Aber Maria ist meine beste Freundin. Ich bin vor ein paar Wochen auch neu in die Klasse gekommen. Maria war sofort für mich da und wir haben uns so sehr angefreundet, dass wir beste Freundinnen geworden sind. Neben ihr fühle ich mich einfach wohl. Es hat also nichts mit dir zu tun. Ich möchte in diesem Moment neben niemand anderem als neben Maria sitzen. Ich hoffe, du verstehst das", sagte sie und Rusul schenkte ihr ein sanftes Lächeln.

„Ja. Danke, dass du mir das erzählt hast. Ich dachte, dass du nicht neben mir sitzen möchtest, weil ich ein Kopftuch trage", antwortete Rusul und Ella schüttelte den Kopf.

„Nein. Ich finde es total spannend, dass du ein Kopftuch trägst. Und die Farbe steht dir wirklich gut!", sagte Ella und Rusul musste lachen.

„Danke."

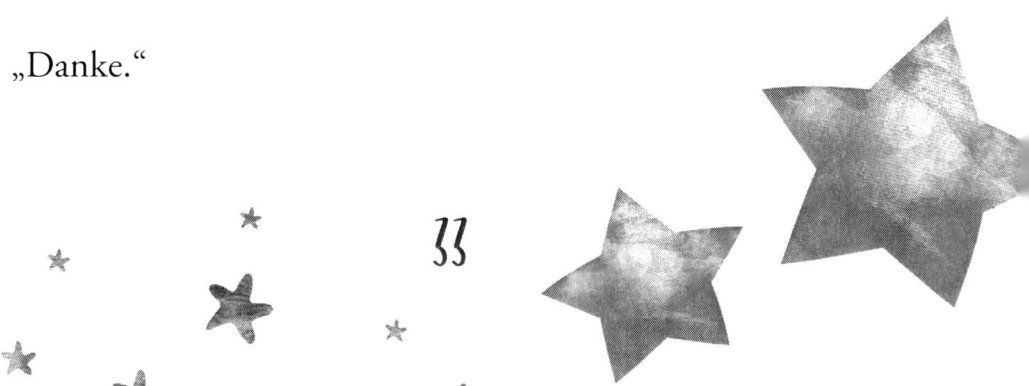

„Hey – Maria und ich gehen morgen Nachmittag nach der Schule ein Eis essen. Vielleicht magst du auch mitkommen?", fragte Ella und Rusul überlegte für einen Moment.

„Danke für die Einladung, aber ich kann nicht."

„Vielleicht an einem anderen Tag? Nächste Woche?"

Rusul schüttelte ihren Kopf.

„Ich kann erst in drei Wochen wieder Süßigkeiten essen", sagte sie und Ella verstand nicht wirklich.

„Warum?"

„In meiner Religion machen wir Ramadan. Das heißt, dass wir 30 Tage lang fasten und erst essen, wenn die Sonne untergegangen ist. Ich bin noch zu jung, deshalb muss ich nicht fasten. Aber ich nutze die Zeit, um auf Süßigkeiten zu verzichten", erklärte sie und Ella verstand.

„Ah, das ist so ähnlich, wie bei uns die Fastenzeit vor Ostern. Aber wir dürfen tagsüber essen. Ist das

nicht schwer, den ganzen Tag nichts essen zu dürfen?", fragte sie nach.

„Und nichts trinken", warf Rusul ein. Daraufhin schaute sie Ella mit weit aufgerissenen Augen an.

„Nichts essen und nichts trinken?", fragte sie nach und Rusul nickte.

„Wie gesagt – ich muss als Kind nicht fasten. Aber ich sehe bei meinen Eltern und bei dem Rest meiner Familie, dass sie das gemeinsame Essen und Trinken am Abend richtig genießen. Jeder Tag ist wie ein großes Fest", erklärte sie.

„Aber, wenn du essen und trinken darfst – wieso hast du keine Brotbox dabei?", fragte sie und zeigte auf Rusuls leere Bank.

Bevor Rusul antworten konnte, unterbrach Ella sie.

„Entschuldige bitte, ich möchte dich nicht ausfragen und auch nicht zu neugierig sein."

„Das ist ok", erwiderte Rusul und lächelte Ella an.

„Ich übe mich schon ein bisschen im Ramadan. Auf Süßigkeiten verzichte ich komplett. Gerade versuche ich, auf Zwischenmahlzeiten, wie Pausenbrote zu verzichten und nur zum Frühstück, zum Mittag und zum Abendessen zu essen. Auch, weil am Abendessen die ganze Familie zusammenkommt und ein großes Buffet aufgebaut wird, von dem alle gemeinsam essen", erklärte Rusul, wurde jedoch von Frau Braun unterbrochen, die die Kinder daran erinnerte, dass es mit dem Unterricht weiterging.

„Ich freue mich wirklich, dass du in unsere Klasse gekommen bist, Rusul. Und, wenn wir kein Eis essen gehen, können wir ja was anderes machen", sagte Ella und Rusul nickte lächelnd, bevor sich Ella zurück zu Maria an den Tisch setzte.

Ella erzählte Maria von ihrem Gespräch mit Rusul und Maria fand Ellas Idee toll.

„Vielleicht können wir ein Picknick machen? Oder wir gehen zu mir auf den Reiterhof und reiten gemeinsam?", schlug sie vor.

„Das ist eine tolle Idee. Lass uns später mit Rusul darüber sprechen".

Ella und Maria waren die Letzten, die nach dem Schultag das Klassenzimmer verließen. Wie immer, waren sie in ein tiefes Gespräch verwickelt, sodass sie vollkommen die Zeit vergessen hatten.
Als sie das Schulgebäude verließen, war Rusul nirgendwo zu sehen.

Ella sah sich um und zuckte mit den Schultern.

„Naja – wir sehen sie ja morgen in der Schule".

Maria nickte und gemeinsam verließen sie den Schulhof.

Ella verbrachte den Nachmittag bei Maria. Ihre Mutter arbeitete in letzter Zeit viel. Marias Mutter hatte ihr deshalb vorgeschlagen, öfter zu ihnen zu kommen. Schließlich waren Ella und Maria beste Freundinnen und auch die Mütter der beiden Mädchen waren sehr gut miteinander befreundet.

Am nächsten Morgen kam Ella gerade noch rechtzeitig in das Klassenzimmer. Sie und ihre Mutter hatten am Morgen verschlafen, weil sie am Abend zu lange aufgeblieben waren und noch lange gesprochen hatten. Da ihre Mutter aktuell viel arbeitete, hatte sie nur abends Zeit, um sich zu unterhalten und Zeit miteinander zu verbringen.

Das hieß jedoch auch, dass Ella nun keine Zeit mehr hatte, um mit Maria und Rusul zu sprechen und Rusul zu einem Picknick oder zum Reiterhof einzuladen.

„Hast du mit Rusul gesprochen?", fragte sie Maria, als sie sich auf ihren Platz setzte.

„Dir auch guten Morgen!", grinste sie ihre beste Freundin an und Ella schaute sie entschuldigend an.

„Guten Morgen!" grinste sie zurück und warf Maria anschließend einen fragenden und erwartungsvollen Blick zu.

„Also? Hast du mit Rusul gesprochen?", fragte sie und Maria schüttelte ihren Kopf.

„Nein. Ich dachte, dass wir das gemeinsam machen wollten", erwiderte sie.

„Stimmt. Naja, lass es uns in der Pause versuchen", schlug Ella vor und Maria nickte zustimmend.

In der großen Pause sahen sich Maria und Ella auf dem Schulhof um. Doch, genau wie am Tag zuvor, konnten sie Rusul nirgendwo sehen.

„Komisch. Warum ist sie heute wieder nicht auf dem Schulhof?", fragte Ella und Maria zuckte mit ihren Schultern.

„Keine Ahnung. Komisch ist es schon. Meinst du sie darf nicht?", überlegte Maria und Ella schaute sie fragend an.

„Wie meinst du das?"

„Naja, sie ist doch Muslima. Vielleicht darf sie nicht auf den Pausenhof."

„Glaubst du, dass das der Grund dafür ist?"

Maria zuckte mit ihren Schultern.

„Keine Ahnung. Aber ich habe keine andere Erklärung."

Die beiden Freundinnen verbrachten die große Pause damit, ihr Wochenende zu planen. Am Freitagnachmittag wollten sie erst gemeinsam Eis essen gehen und anschließend würde Ella bei Maria übernachten. Am Samstag würde dann auch ihre Mutter kommen und gemeinsam würden sie alle den Samstag auf dem Reiterhof verbringen.

Als sie zurück ins Klassenzimmer gingen, war Rusul nirgendwo zu sehen. Erst mit dem Klingeln, das die große Pause beendete, kam Rusul gemeinsam mit Frau Braun ins Klassenzimmer und blieb gemeinsam mit ihr vor der Klasse stehen.

„Setzt ihr euch bitte auf eure Plätze?", forderte Frau Braun die Klasse auf. Maria und Ella gingen zu ihrer Bank und auch die anderen Schüler und Schülerinnen setzten sich auf ihre Plätze. Nur Rusul blieb neben Frau Braun stehen.

Frau Braun räusperte sich und ließ den Blick dann durch die Klasse schweifen.

„Ich weiß, dass ihr alle Fragen an Rusul habt. Wir haben gemeinsam mit ihren Eltern gesprochen und Rusul hat sich dazu bereit erklärt, euch eure Fragen zu beantworten. Es ist immer spannend, wenn Menschen aus verschiedenen Kulturen und aus anderen Religionen zusammentreffen. Überrumpelt Rusul bitte nicht mit euren Fragen", sagte sie freundlich.

„Ich finde es sehr toll von dir, dass du dich dazu bereiterklärt hast, auf die Fragen der anderen einzugehen", wandte sie sich dann an Rusul, die nickte.

„Klar. Ich kann mir vorstellen, dass sich viele in der Klasse Fragen stellen und ich finde es besser, direkt gefragt als ange-starrt zu werden", erklärte sie und Frau Braun nickte.

„Also, wer hat eine Frage?" fragte sie schließlich und sah sich in der Klasse um. Maria hob ihre Hand und kam direkt dran.

„Was machst du denn gerne, wenn du keine Schule hast?"

„Wie alle anderen auch: Ich spiele gerne, lese Bücher und verbringe viel Zeit mit meiner Familie. Wir

41

beten auch manchmal zusammen. Wir beten zu Allah", antwortete Rusul.

„Heißt das, dass du nicht an Gott glaubst?" fragte Karl,
nachdem er sich gemeldet hatte.

„Doch. Aber bei uns heißt Gott Allah", erklärte Rusul.

„Wir werden in unserem Religionsunterricht in der nächsten
Woche etwas genauer auf Rusuls Religion eingehen, damit
ihr etwas mehr darüber lernt", unterbrach Frau Braun.

Nun meldete sich auch Ella mit ihrer Frage.

„Kannst du mit deinem Kopftuch am Sportunterricht teilnehmen?"

Rusul nickte.

„Ja – das ist kein Problem. Beim Schwimmen werde ich einen
speziellen Badeanzug tragen, da wir nicht viel Haut zeigen",
antwortete sie.

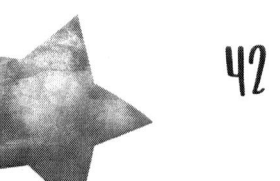

Jonas , ein anderer Junge, meldete sich mit einer weiteren Frage.

„Musst du das alles machen? Bist du dazu gezwungen, die Regeln zu befolgen?"

„Meine Eltern sind recht offen und lassen mir sehr viele Freiheiten. Ich muss kein Kopftuch tragen, weil sie das wollen. Ich habe das für mich entschieden, weil ich es machen möchte. Aber es gibt auch andere Familien, die sehr streng sind und bei denen die Kinder keine Wahl haben, sondern Kopftücher tragen müssen", erklärte sie.

Frau Braun schaute sich im Klassenzimmer um und sah, dass es keine weiteren Fragen mehr gab.

„Gut – wenn alle Fragen geklärt sind, möchte ich mich bei Rusul bedanken, dass sie so offen war und auf all eure Fragen eingegangen ist."

„Gerne!",erwiderte Rusul und ging dann zu ihrem Platz, um sich hinzusetzen.

43

„Und, bevor ich mit dem Unterricht weitermache, möchte ich euch darum bitten, nie zu starren, sondern einfach zu fragen. Es ist immer besser, Menschen direkt zu fragen, anstatt sie anzustarren oder hinter ihrem Rücken zu sprechen. Das trifft nicht nur auf andere Religionen, sondern auf alle Situationen mit allen anderen Menschen zu", sagte Frau Braun und holte dann ihr Buch heraus, um mit der Mathestunde zu beginnen.

Maria und Ella konnten es kaum abwarten, dass die Schulklingel endlich klingeln und den Unterricht beenden würde. Sie freuten sich auf ihr leckeres Eis nach der Schule und auf das gemeinsame Wochenende.

Bevor sie nach dem Klingeln gemeinsam die Schule verließen und sich auf zum Reiterhof machten, um dort erst zu essen und anschließend einen langen Reitausflug zu machen, wollten sie mit Rusul sprechen.

„Rusul, warte!", rief Ella, bevor sie das Klassenzimmer verlassen konnte.

Rusul hielt inne und drehte sich zu den beiden Freundinnen um.

44

„Was hältst du davon, wenn wir nächste Woche gemeinsam zu mir nach Hause zum Reiterhof gehen und dort reiten? Eigentlich wollten wir dich zu einem Picknick einladen. Aber dann hast du gesagt, dass du auf Zwischenmahlzeiten verzichten möchtest, solange Ramadan ist. Deshalb haben wir gedacht, dass du vielleicht gemeinsam mit uns reiten gehen möchtest. Magst du überhaupt Pferde?", fragte Maria und Rusul nickte.

„Ich liebe Pferde! Das hört sich toll an. Danke, dass ihr euch so viele Gedanken gemacht habt. Ich spreche mit meinen Eltern und frage sie, wann es ihnen am besten passt", antwortete Rusul und Maria nickte.

„Super! Wir freuen uns!", meldete sich auch Ella zu Wort und grinste Rusul an.

„Ich mich auch. Ich bin schon lange nicht mehr geritten. Aber vielleicht könnt ihr mir ja ein bisschen helfen",sagte sie und die Mädchen nickten.

„Na klar!"

Mit einem letzten Lächeln verabschiedete sich Rusul von den beiden Freundinnen und verließ das Klassenzimmer. Ella freute sich, dass Rusul ihre Einladung angenommen hatte. Sie konnte es kaum erwarten, das Mädchen etwas genauer kennenzulernen. Sie nahm ihren Schulranzen und folgte Maria aus dem Klassenzimmer. Jetzt wartete erst einmal ein wohlverdientes Wochenende auf sie und auf ihre beste Freundin.

Ella, Gott, Allah und Jahwe

Ella und Maria hatten gemeinsam ein wunderschönes Wochenende verbracht. Sie waren zusammen ausgeritten und hatten die Sonnenstrahlen bei einem großen Stück Kuchen auf dem Hof, gemeinsam mit ihren Müttern, genossen.

Nun war es wieder Montag und somit Zeit in die Schule zu gehen. Wie Frau Braun bereits vor dem Wochenende angekündigt hatte, würden sie im Religionsunterricht mehr über andere Religionen – vor allem über Rusuls Religion – erfahren. Ella war sehr gespannt darauf, was sie alles Neues lernen würde. Zwar hatte Rusul bereits etwas von sich und von ihrem Leben erzählt und der ganzen Klasse erklärt, dass sie das Kopftuch trägt, weil sie das möchte und betet, weil sie sich dazu entschieden hat, doch Ella konnte sich nicht wirklich viel unter der Religion ihrer neuen Klassenkameradin vorstellen.

Umso gespannter kam sie am Montagmorgen in die Klasse und setzte sich neben Maria auf ihren Platz.

„Guten Morgen!", begrüßte sie ihre beste Freundin, die sie breit angrinste.

„Guten Morgen – gut geschlafen?", fragte Maria und Ella nickte.

„Ja, und du?"

Maria nickte. Anschließend drehte sich Ella nach hinten, um nachzusehen, ob Rusul bereits da war. Sie saß auf ihrem Platz und hatte ihre Schulsachen schon auf dem Tisch ausgebreitet. Ella schenkte Rusul ein Lächeln, das das Mädchen erwiderte.

„Guten Morgen, Kinder", begrüßte Frau Braun die Klasse, als sie den Raum betrat.

„Wie schon angekündigt unterhalten wir uns heute über die verschiedenen Religionen, die es in der Welt gibt", teilte sie der Klasse mit und Ella hörte gespannt zu.

Sie wollte schon immer mehr über die anderen Religionen erfahren. Sie hatte nie wirklich verstanden, wieso es unterschiedliche Religionen gab und wie das funktionieren konnte.

Frau Braun erklärte der Klasse, dass es nicht einfach war, in einer Religionsstunde auf alle Religionen

49

einzugehen. In den ersten Wochen würden sie sich vor allem mit dem Christentum, dem Islam und dem Judentum beschäftigen.

„Um besser die Gemeinsamkeiten und auch einige Unterschiede zwischen den einzelnen Religionen verstehen zu können, haben wir das Glück, Rusul in unserer Klasse zu haben. Bezüglich des Judentums werden wir in der nächsten Religionsstunde gemeinsam einen Ausflug in die Synagoge machen, die sich direkt neben unserem Schulgebäude befindet", verkündete Frau Braun und Ella konnte es kaum abwarten die große und eindrucksvolle Synagoge, die sie von außen immer bestaunte, einmal von Innen zu sehen.

„Wichtig ist, dass ihr versteht, dass Unterschiede uns nicht immer auseinandertreiben, sondern, dass sie uns eine Möglichkeit geben, um voneinander zu lernen und neue Dinge zu erfahren. Denn, am Ende des Tages beschäftigen sich alle Religionen mit dem Glauben und dem Vertrauen in Gott. Dieser mag bei uns den Namen Gott tragen, im Islam Allah und im Judentum Jahwe heißen, doch letztendlich glauben wir alle an einen Gott, der uns begleitet, schützt und leitet", fing sie an und Ella hörte ihr aufmerksam zu.

„Aber wie kommt es dann, dass es Unterschiede gibt, wenn wir eigentlich alle an einen Gott glauben?", meldete sich Jonas zu Wort und Ella war dankbar, dass er diese Frage gestellt hatte. Denn auch sie hatte sich gewundert, wieso die Religionen so unterschiedlich waren.

„Die Erde ist sehr groß und es gibt viele unterschiedliche Länder. Damals hatten die Menschen noch nicht die Möglichkeit, so schnell über so große Entfernungen hinweg miteinander kommunizieren zu können. Aus diesem Grund haben sich in verschiedenen Gebieten unterschiedliche Religionen gebildet. Selbst innerhalb der einzelnen Religionen gibt es Unterschiede. Denn jeder Mensch legt die Religionen jeweils anders für sich aus und versteht die heiligen Schriften auf andere Art", erklärte die Lehrerin, woraufhin sich Rusul zu Wort meldete.

„Das stimmt. Wir leben zum Beispiel nicht so streng wie andere Familien, die wir kennen. Einige Familien sind sehr streng und lassen ihren Kindern keine Wahl, ob sie ein Kopftuch tragen oder den Regeln des Islams folgen", sagte sie und Frau Braun nickte.

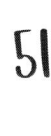

„Richtig. Genauso ist das im Christentum. Einige Familien, die sehr streng nach der Bibel leben, haben sehr viele Regeln. So essen einige Familien zum Beispiel freitags kein Fleisch und fasten in der Fastenzeit", erklärte Frau Braun und Ella war froh, dass ihre Familie nicht so streng war.

„Das hört sich ganz schön nach Arbeit an", sagte sie, ohne sich zu melden und entschuldigte sich direkt dafür.

„Ja Ella, das stimmt. Es ist nicht leicht, sich an all die Regeln zu halten. Deswegen ist es auch immer wichtig, dass Menschen aus freien Stücken ihren Glauben praktizieren. Wenn wir merken, dass es sich für uns richtig anfühlt, die Religion so zu leben, wie wir es tun, dürfen wir das machen. Allerdings soll es sich nie, wie Zwang anfühlen. Wichtig ist, dass wir alle Respekt füreinander haben. Ganz egal, welche Religion wir haben und wie wir die Religion leben."

Alle Kinder nickten.

„Wie gesagt, werden wir uns in den nächsten Stunden mehr mit den einzelnen Religionen beschäftigen. Doch ich möchte euch dazu einladen, euch mit anderen

Menschen zu unterhalten und euch für andere Religionen und Auslegungen zu interessieren. Gott hat viele Wege. Es gibt nicht nur den einzig richtigen Weg, sondern jeder Mensch findet seinen ganz persönlichen Glauben und seine Art, in Kontakt mit Gott zu treten. Für einige kann es das Beten sein. Für andere bedeutet das, am Nachmittag an der Tafel auszuhelfen und für wieder andere kann es bedeuten, sich um die Tiere im Tierheim zu kümmern. Wenn ihr die Verbindung zu Gott spürt, kann euch niemand sagen, dass ihr euren Glauben falsch lebt."

Mit diesen Worten beendete Frau Braun die Stunde und erinnerte die Kinder daran, dass sie in der nächsten Religionsstunde gemeinsam die Synagoge besuchen würden.

„Achso, bevor ich es vergesse – wenn wir in der nächsten Religionsstunde in die Synagoge gehen, ist es wichtig, dass ihr euch so kleidet, dass ihr bis zu den Knien bedeckt seid. Aufgrund der kälteren Jahreszeit denke ich, dass das kein Problem sein wird, aber für die Juden ist es wichtig, nicht zu viel Haut im Gebetshaus zu zeigen", erklärte sie und beendete dann die Religionsstunde, um das Mathebuch hervorzuholen und die Klasse im Kopfrechnen zu testen.

Nach zwei Tagen war es endlich soweit. Ella und ihre Klasse würden in die Synagoge gehen und dort sehen, wie Juden ihre Religion lebten. Ella hatte extra sichergestellt, sich eine lange Hose anzuziehen und ihre Arme mit einem langen Shirt zu verdecken, bevor sie das Haus verließ und sich auf den Weg in die Schule machte.

Im Klassenzimmer angekommen warteten bereits Maria und Rusul auf sie und riefen ihr „Guten Morgen!" zu.

Rusul kaute nervös auf ihren Nägeln herum und Ella bemerkte, dass sie irgendetwas auf dem Herzen hatte.

„Was ist los, Rusul?", fragte Ella, als sie sich zu ihren beiden Freundinnen gesellte und schaute sie besorgt an.

„Ich weiß nicht, ob es eine so gute Idee ist, dass ich mit in die Synagoge komme", sagte sie und Maria schaute sie fragend an.

„Warum sollte das keine gute Idee sein?", fragte sie nach und Rusul zuckte mit ihren Schultern.

„Naja, ich trage ein Kopftuch und bin Muslima…", fing sie an, wurde jedoch direkt von Ella unterbrochen.

„Na und? Ich bin Christin – und du bist meine Freundin. Wieso solltest du nicht mit in die Synagoge gehen sollen? Du weißt doch, was Frau Braun gesagt hat. Es ist wichtig, dass wir uns alle respektieren. Am Ende glauben wir alle an Gott – ganz egal, wie er auch heißen mag", versuchte Ella ihre Freundin aufzumuntern.

„Ella hat Recht", stimmte Maria zu und grinste ihre beiden Freundinnen an.

In diesem Moment kam Frau Braun ins Klassenzimmer. Sie hatte gehört, was die drei Freundinnen gesagt hatten und gesellte sich direkt zu ihnen.

„Wisst ihr, dass Synagogen alle Menschen willkommen heißen? Solange sich Menschen respektvoll verhalten, heißen Synagogen alle Menschen willkommen und schließen niemanden aus", erklärte sie und schenkte Rusul ein Lächeln.

„Mach dir keine Sorgen, Rusul. Es gibt keinen Grund, wieso du Zweifel daran haben solltest, mit in die Synagoge zu kommen."

Auf Rusuls Gesicht machte sich ein Lächeln breit und sie nickte.

Nachdem die anderen Kinder im Klassenzimmer angekommen waren, machten sich alle bereit, um in die Synagoge zu gehen. Da sich die Synagoge direkt neben dem Schulgebäude befand, brauchte die Klasse nur wenige Minuten, um an dem Eingang anzukommen und dort von einem freundlichen Mann begrüßt zu werden. Er trug eine kleine Kappe auf seinem Kopf, die „Kippa" heißt und hieß die Klasse in der Synagoge willkommen.

„Ich bin Rabbi Advan und das Oberhaupt dieser Synagoge."

„Also sowas wie ein Pfarrer?", fragte Ella und der Rabbi nickte.

„Ja das könnte man sagen. Ich lehre die Tora – was für uns sowas wie die Bibel ist – und bin für meine Gemeinde der Ansprechpartner, wenn sie jemanden zum

Sprechen suchen", erklärte er. Hinter ihm erschien ein Junge, der ebenfalls eine Kippa trug und in Ellas Alter zu sein schien.

„Das ist Eliahs", sagte Rabbi Advan und zeigte auf den sympathischen Jungen.

„Er ist mein Sohn und wollte mich heute unbedingt begleiten, als ich ihm erzählt habe, dass ihr unsere Synagoge besuchen kommt", erklärte er und Maria schaute ihn ungläubig an.

„Sohn?", fragte sie dann und der Rabbi nickte.

„Ja. Im Judentum sind Rabbis oft verheiratet und haben Kinder. Anders als dies in der katholischen Kirche der Fall ist", erklärte er.

„Aber, wie ihr wisst, gibt es auch im Christentum Unterschiede. In der evangelischen Kirche gibt es schließlich auch Pfarrerinnen, was in der katholischen Kirche wiederum nicht erlaubt ist", meldete sich auch Frau Braun zu Wort.

Ella merkte, wie unterschiedlich die Religionen waren und wie sehr sie sich auch innerhalb der einzelnen Religionen voneinander unterschieden.

Eliahs hatte sich inzwischen zu den Kindern gesellt und grinste Ella, Maria und Rusul freundlich an.

„Hey – das ist echt spannend, dass du auch eine Kopfbedeckung trägst. Nur eben als Tuch und ich als Kappe", sagte er, während er Rusuls Kopftuch bestaunte.

Rusul grinste.

„Ja, das ist wirklich lustig", stimmte sie zu und Ella konnte sehen, wie sich ihre gesamte Körperhaltung entspannte.

„Tragen bei euch nur die Männer eine Kopfbedeckung oder auch die Frauen?", fragte sie.

„Männer müssen in der Synagoge eine Kopfbedeckung tragen. Juden haben in der Regel eine Kopfbedeckung, die sie von zu Hause mitbringen. Für Besucher stehen Kippas am Eingang aus. Frauen müssen sich nicht zwingend

die Köpfe bedecken, doch oft machen sie es im Inneren der Synagoge mit einem Tuch", erklärte er.

„Lasst uns reingehen", fuhr er dann fort und zeigte auf Rabbi Advan, der bereits Kippas an die Jungs aus Ellas Klasse verteilte.

Anschließend gingen sie alle gemeinsam in die Synagoge und bestaunten die hohen Wände. Ella fühlte sich, als sei sie in einer Kirche und merkte, dass es keinen Unterschied machte, ob sie sich in einer Kirche oder einer Synagoge befand. Solange sie ihren Glauben an Gott in ihrem Herzen trug, fühlte sie sich in jedem Gotteshaus willkommen.

Während sie durch die Synagoge liefen, erklärte Rabbi Advan, dass Frauen und Männer getrennt in der Synagoge saßen.

„Wie bei uns", warf Rusul ein und der Rabbi nickte lächelnd.

„Ja genau. Das ist eine weitere Gemeinsamkeit, die wir mit dem Islam haben", stimmte er zu und folgte seinem Vater und Ellas Klasse gemeinsam mit Ella, Maria und Rusul weiter durch die Synagoge.

Während sie durch die Synagoge liefen, unterhielten sie sich mit Eliahs. Eliahs erzählte ihnen, dass sein Bruder in wenigen Wochen eine Bar Mizwa haben würde.

Bevor die Mädchen nachfragen konnten, was eine Bar Mizwa war und was man dort machte, war die Zeit der Religionsstunde bereits um.

„Ich würde mich freuen, wenn ihr auch kommen würdet. Ihr seid nett und meinen Bruder würde es bestimmt auch freuen, wenn ihr kommt", lud er die drei Mädchen ein.

Sie nahmen die Einladung gerne an und verabredeten sich für Freitagnachmittag, um gemeinsam ein Eis essen gehen zu können.

„Schließlich ist jetzt auch der Ramadan vorbei und Rusul kann mit uns ein Eis essen gehen. Das ist der perfekte Zeitpunkt – was meint ihr?" fragte Maria und Rusul und Ella nickten zustimmend.

„Ja, das hört sich toll an!" sagte Rusul.

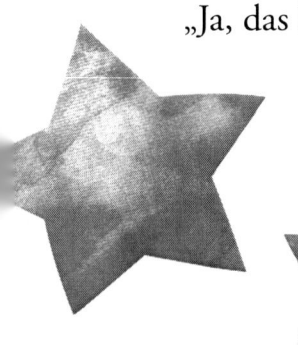

Nachdem sich die Klasse bei Rabbi Advan für die Gastfreundschaft bedankt hatte, verabschiedete er sich von ihnen und mit einem letzten Winken verabschiedeten sich auch Ella, Maria und Rusul von Eliahs.

„Wir sehen uns Freitag!", rief er ihnen hinterher und die Mädchen nickten.

Am Freitagnachmittag saßen alle vier in der Eisdiele in der Innenstadt und genossen ihr leckeres Eis. Ella fühlte sich wohl und glücklich. Sie war dankbar dafür, so tolle Freunde gefunden zu haben. Und, obwohl sie alle unterschiedliche Religionen hatten, waren sie sich in vielen Dingen ähnlich. Eine Gemeinsamkeit war auf jeden Fall die Überzeugung, dass das Eis in der Eisdiele das beste Eis der Welt war.

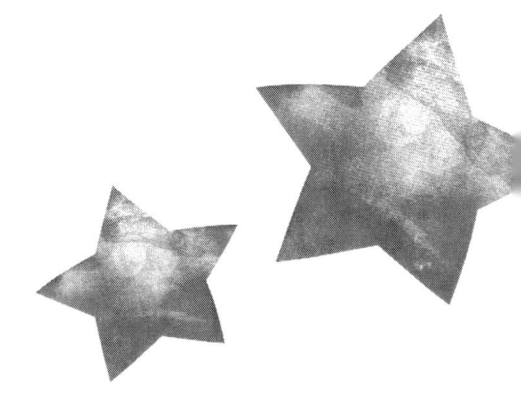

Ella und das kranke Pferd

„Was ist passiert?", fragte Ella, als sie ihrer Mutter den Telefonhörer aus der Hand nahm. Ihre Mutter hatte sie aufgeregt gerufen, um ihr zu sagen, dass Maria am anderen Ende der Leitung war und ungeduldig darauf wartete, mit Ella zu sprechen.

„Ich weiß es nicht, aber es hört sich sehr dringend und wichtig an", sagte Ellas Mutter und verließ dann den Raum.
„Maria, was ist los?" fragte Ella und hörte ihre Freundin am anderen Ende der Leitung schwer atmen.

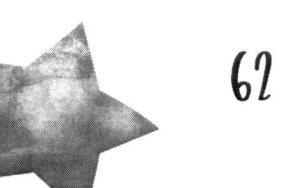

„Goldie geht es nicht gut", antwortete Maria und ihre Stimme klang sehr traurig und niedergeschlagen.

„Was soll das heißen, ihr geht es nicht gut? Was hat sie?"

„Ich weiß es nicht. Wir haben gerade den Tierarzt gerufen. Er wird bestimmt gleich da sein und dann kann er Goldie untersuchen. Ich habe Angst, dass ihr etwas passiert, Ella."

„Aber, wenn der Tierarzt kommt, ist sie doch in guten Händen", versuchte Ella ihre beste Freundin zu beruhigen.

„Er wird bestimmt ein Mittel finden, um Goldie wieder gesund zu machen", fuhr sie fort, doch Maria schluchzte laut.

„Goldie ist ein altes Pferd. Sie ist nicht mehr so jung wie die anderen", erklärte sie und Ella verstand.

„Soll ich vorbeikommen? Vielleicht kann ich dir irgendwie helfen?", fragte Ella und hielt den Hörer ganz fest in ihren Händen.

„Was willst du schon machen?", fragte Maria mit etwas lauterer Stimme.

„Hey, ich wollte dir nur beistehen", versuchte sich Ella zu verteidigen.

„Du kannst aber nichts machen. Goldie geht es schlecht. Daran kannst du nichts ändern", schrie Maria und bevor Ella irgendetwas sagen konnte, hatte Maria das Telefonat beendet.

Baff blieb Ella mit dem Telefon in der Hand im Raum stehen und wusste nicht wirklich, was gerade passiert war. Wieso war Maria sauer auf sie? Ella hatte nichts gemacht. Sie wollte ihrer besten Freundin beistehen und ihr helfen. Doch stattdessen war Maria sauer auf sie und hatte sie angeschrien.

„Ist alles ok, Schatz?", fragte ihre Mutter, als sie das Zimmer erneut betrat und ihre Tochter mit dem Telefon in der Hand stehen sah.
„Ich weiß es nicht", antwortete Ella und schüttelte ihren Kopf.

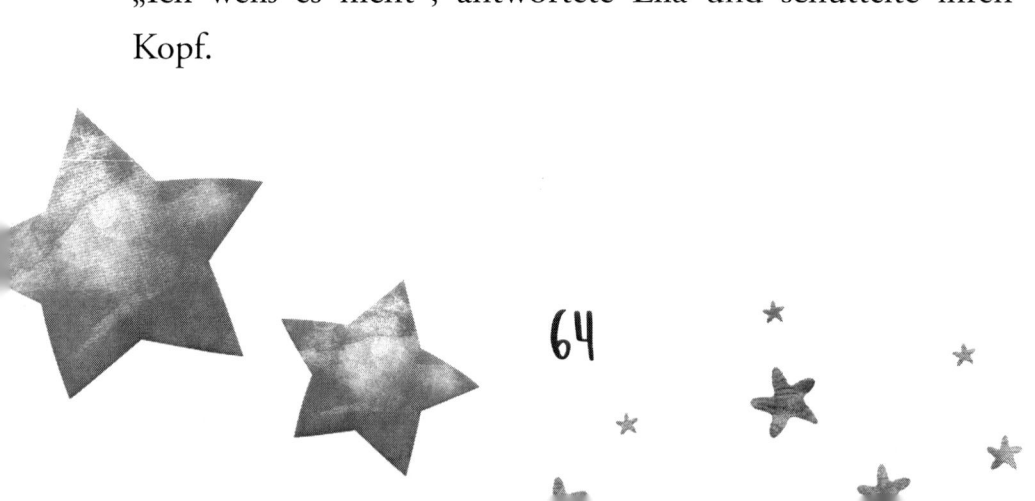

„Maria ist sauer auf mich und ich weiß nicht, wieso", sagte sie und ihre Mutter legte einen Arm um ihre Schulter.

„Magst du mir erzählen, worüber ihr am Telefon gesprochen habt?", fragte sie und Ella nickte.

„Komm – wir setzen uns auf die Couch. Ich mache uns einen leckeren Tee und dann erzählst du mir alles", schlug sie vor. Ella nickte erneut und ging schon einmal zur Couch, um es sich auf ihr gemütlich zu machen, während ihre Mutter in der Küche verschwand, um sich und Ella einen leckeren Früchtetee zu kochen.

Mit zwei dampfenden Tassen in beiden Händen kam sie wenige Minuten später zu Ella ins Wohnzimmer auf die Couch, stellte die Tassen auf dem Tisch ab und setzte sich zu ihrer Tochter.

„Also – was ist passiert?", fragte sie und Ella seufzte.

„Eigentlich weiß ich auch nicht wirklich, was genau passiert ist", gab Ella zu und schüttelte fassungslos ihren Kopf.

Dann erzählte sie ihrer Mutter von Marias Reaktion und davon, dass sie Ella am Telefon angeschrien hatte, obwohl sie eigentlich nur helfen wollte.

Ihre Mutter hörte ihr aufmerksam zu und machte einen nachdenklichen Gesichtsausdruck.

„Weißt du, Ella. Manchmal reagieren Menschen nicht so, wie sie wollen und sind ungerecht, wenn sie sich in stressigen und sehr belastenden Situationen befinden", versuchte ihre Mutter zu erklären, doch Ella verstand nicht genau.

„Aber, was habe ich damit zu tun, dass es Goldie schlecht geht?", fragte sie und ihre Mutter nahm einen Schluck des Tees, bevor sie fortfuhr.

„Maria ist deine beste Freundin. Sie weiß, dass sie sich auf dich verlassen kann und, dass du immer an ihrer Seite stehst. Deswegen fällt es ihr auch leichter, ihre Gefühle an dir auszulassen, auch wenn du nicht der Grund für ihre Wut und für ihre Trauer bist. Das mag sich jetzt komisch und nicht logisch anhören, doch eigentlich ist das nur ein Zeichen dafür, wie groß und eng eure Freundschaft ist

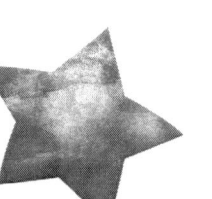

und, wie sehr dir Maria vertraut", sagte Ellas Mutter und Ella nickte.

„Verstehe. Und wie kann ich ihr nun helfen? Was soll ich machen?", fragte sie ihre Mutter um Rat.

„Das weiß ich auch nicht. Vielleicht können wir ihr ihren Lieblingskuchen backen und später auf dem Hof vorbeifahren, um ihn ihr vorbeizubringen. Möglicherweise muntert sie ein Stück Kuchen ein bisschen auf?", schlug ihre Mutter vor und Ella lächelte sie zustimmend an.

„Das ist eine gute Idee. Am besten machen wir Möhrenkuchen – dann können die Pferde auch etwas davon essen."

„Na, dann los. Worauf warten wir?"

Ella und ihre Mutter gingen gemeinsam in die Küche, um dort den Kuchen für Maria und die Pferde zu backen. Eine halbe Stunde später breitete sich ein sehr angenehmer Duft in der ganzen Wohnung aus. Ella lief bereits das Wasser im Mund zusammen und sie konnte es kaum abwarten, Maria ihren Kuchen vorbeizubringen.

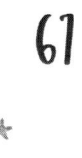

Während der Kuchen abkühlte, versuchte Ella Maria über das Telefon zu erreichen. Sie dachte, dass es besser wäre, Maria vorher Bescheid zu sagen, dass sie kommen würde. Doch, auch nach dem dritten Versuch, auf dem Reiterhof jemanden an die Leitung zu bekommen, gab sie auf und beschloss, noch einen Moment zu warten, bis der Kuchen abgekühlt war, um dann gemeinsam mit ihrer Mutter zu Maria und ihrer Mutter zu fahren.

Als sie auf dem Reiterhof parkten, fuhr gerade ein anderes Auto weg.

„Das muss der Tierarzt gewesen sein", sagte Ella und ihre Mutter nickte zustimmend, während sie dem Auto hinterherblickte.

„Ja. Ich bin gespannt, was er gesagt hat."

Gemeinsam stiegen sie aus und gingen in den Pferdestall, um dort nach Maria und ihrer Mutter zu sehen.
„Maria?", rief Ella und sah einige Sekunden später ihre beste Freundin in der Box des alten Pferdes sitzen. Zusammengekauert saß sie auf dem Boden – ihre Mutter mit ihrem Arm auf ihrer Schulter neben ihr.

„Hey, Maria", sagte Ella sanft und näherte sich ihrer besten Freundin langsam.

„Hallo, Ella", begrüßte Marias Mutter das Mädchen und schenkte anschließend ihrer Mutter ein sanftes Lächeln. Dann stand sie auf und verließ gemeinsam mit Ellas Mutter den Reitstall, um die beiden Mädchen für einen Moment alleine zu lassen.

„Maria?", fragte Ella zögerlich, doch als Antwort hörte sie nur das verzweifelte Schluchzen des Mädchens.

„Ich habe gesehen, wie der Tierarzt vom Hof gefahren ist", sagte Ella und kniete sich langsam neben Maria in die Box zu Goldie, die schlafend auf dem Boden lag.

„Was hat er gesagt? Konnte er herausfinden, was Goldie fehlt und, wie er ihr helfen kann?"
Maria schüttelte ihren Kopf und hob ihn endlich an, um Ella ins Gesicht zu sehen.

„Nein. Er hat gesagt, dass man nichts mehr machen kann. Goldie ist zu alt, um wieder gesund werden zu

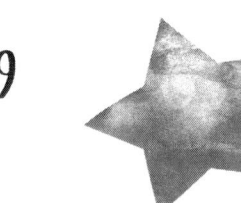

können. Er hat gesagt, dass sie nicht mehr lange zu leben haben wird", antwortete Ella und mit dem letzten Satz brach ihre Stimme vollkommen ab.

Dann fiel ihr Blick auf den Kuchen, den Ella zuvor mit ihrer Mutter gebacken hatte.

„Was ist das?", fragte sie und deutete auf den Kuchen.

„Den habe ich für dich zur Aufmunterung gebacken. Aber da wusste ich noch nicht, was der Tierarzt gesagt hat. Jetzt komme ich mir dumm vor und hätte am liebsten keinen Kuchen gebacken", erklärte Ella und auf Marias Gesicht bildete sich ein sanftes Lächeln.

„Nein, das war sehr lieb von dir. Vor allem, nachdem ich dich so angeschrien habe. Es tut mir leid, dass ich so reagiert habe. Aber ich war so wütend und so verzweifelt, dass ich vollkommen falsch auf dein Hilfsangebot reagiert habe", sagte Maria und rückte etwas näher zu Ella, um ihren Kopf auf ihrer Schulter abzulegen.

„Danke, dass du gekommen bist. Und danke für den Ku-chen."

„Es ist ein Möhrenkuchen. Ich dachte, dass ihn Goldie so auch probieren könnte."

„Ich hoffe, du bist mir nicht böse, wenn ich jetzt nichts vom Kuchen esse? Ich habe im Moment einfach keine Lust auf Ku-chen", sagte Maria zögerlich und Ella schüttelte ihren Kopf.

„Natürlich nicht. Du kannst den Kuchen essen, wann du möchtest", erwiderte Ella und blickte auf Goldie. Sie lag friedlich im Stroh und schlief. Während sie schlief, sah es nicht aus, als sei das Pferd krank.

„Sie sieht so friedlich aus", sagte Ella und blickte weiterhin zu Goldie.

„Ja – der Tierarzt hat ihr eine Schmerzspritze gegeben. Seitdem schläft sie ruhig und ohne Schmerzen", erklärte Maria, wäh-rend sich Tränen in ihren Augen bildeten.

„Ich verstehe nicht, wieso es Goldie so schlecht

geht. Es muss doch etwas geben, was ich tun kann, um ihr zu helfen", schrie Maria verzweifelt aus und stand auf.

„Wenn es Gott wirklich gibt, ganz egal, wie auch immer er heißt – warum lässt er dann zu, dass Goldie leidet und, dass ich traurig bin, wenn sie stirbt? Warum ist Gott so gemein?"

Ella wusste nicht, was sie darauf antworten sollte und stand ebenfalls auf, um ihre Freundin in den Arm zu nehmen. Maria kullerten die Tränen aus den Augen und sie umarmte Ella fest, um Halt an ihr zu finden.

„Vielleicht muss ich mein Zimmer häufiger aufräumen. Oder ich muss den Stall öfter ausmisten. Vielleicht muss ich besser in der Schule werden", überlegte sie und schaute Ella ernst ins Gesicht.

„Vielleicht kann ich Gott doch noch umstimmen und er nimmt mir Goldie nicht weg", sagte sie, bevor sie aus dem Stall rannte und Ella in Goldies Box stehen ließ.

Ella schaute ihrer Freundin hinterher und wusste nicht genau, was sie tun sollte. Sie atmete einmal tief

12

ein und wieder aus, nahm den Kuchen und machte sich dann ebenfalls auf den Weg auf das Außengelände des Hofes. Dort lief sie ihrer Mutter und Marias Mutter entgegen – von Maria war jedoch weit und breit keine Spur zu sehen.

„Wo ist Maria?", fragte sie deshalb und die beiden Mütter sahen sich für einen kurzen Moment an.

„Ich glaube, es ist besser, wenn wir Maria ein bisschen Zeit geben. Du siehst sie ja morgen in der Schule", sagte Ellas Mutter.

„Und was ist mit dem Kuchen? Den habe ich für Maria gebacken."

„Ich bin mir sicher, dass Britta ihr den Kuchen geben wird", erwiderte Ellas Mutter – den Blick zu Marias Mutter gerichtet. Diese nickte und lächelte Ella aufmunternd zu.

„Natürlich. Vielen Dank, dass du dir die Mühe gemacht hast, und den Kuchen für Maria gebacken hast", sagte sie und nahm Ella den Kuchen aus der Hand.

Dann verabschiedeten sich die beiden Mütter voneinander und Ella und ihre Mutter stiegen in das Auto ein, um gemeinsam vom Hof zu fahren.

Die ganze Autofahrt hinweg war Ella sehr still. Sie dachte daran, was Maria gesagt hatte und beschloss zu Hause mit ihrer Mutter darüber zu sprechen.

Nachdem sie zur Haustür hineingegangen und es sich im Esszimmer am Esstisch gemütlich gemacht hatten, holte Ella tief Luft und erzählte ihrer Mutter davon, was im Stall passiert war.

„Maria denkt, dass sie Gott verärgert hat und er ihr aus diesem Grund Goldie wegnehmen möchte. Sie denkt, dass sie besser in der Schule werden oder mehr im Haushalt helfen muss, um zu verhindern, dass Goldie stirbt", erzählte sie ihrer Mutter.

„Stimmt das wirklich?" fragte sie nach und ihre Mutter schüttelte daraufhin sanft ihren Kopf.

„Aber, warum lässt Gott dann zu, dass Goldie

krank und Maria so traurig ist? Wieso macht er nichts dagegen? Wieso beten wir in der Kirche überhaupt und warum trage ich meine Kreuzkette, wenn er zulässt, dass wir leiden?", fragte sie und merkte, wie sie wütend wurde.

Ihre Mutter nahm Ellas rechte Hand in ihre Hände und drückte sie sanft.

„Ich verstehe, dass du dir diese Fragen stellst. Es mag auf den ersten Blick keinen Sinn machen, dass Gott das Leiden zulässt", stimmte Ellas Mutter ihrer Tochter zu und atmete dann tief ein und aus.

„Aber der Tod gehört zum Leben dazu, Ella. Gott bestraft uns nicht mit dem Tod, sondern er holt sich die Lebewesen zu sich ins Paradies", erklärte sie.
„Das ist für die, die auf der Erde bleiben, am Anfang schwer zu akzeptieren. Aber, alle geliebten Menschen und auch Tiere, die uns verlassen, leben weiterhin in unserem Herzen weiter", fuhr sie fort und Ella hörte ihrer Mutter aufmerksam zu.

„Das heißt, dass Goldie auch sterben wird, wenn Maria besser in der Schule wird und immer ihr

15

Zimmer aufräumt?", fragte sie nach und merkte, wie sich Tränen in ihren Augen bildeten.

Ellas Mutter nickte zögerlich und räusperte sich.

„Ja. Wenn der Tierarzt nichts mehr machen kann und der Zustand des alten Pferdes so ist, wie er vermutet, wird das Pferd auch sterben, wenn Maria mehr für die Schule lernt und jeden Tag das ganze Haus putzt."

Ella verstand und überlegte, wie sie Maria helfen konnte. Sie wollte ihrer Freundin beistehen.

„Wie kann ich Maria helfen?", fragte sie und ihre Mutter überlegte für einen kurzen Moment.

„Ich glaube, dass Maria jetzt vor allem eine Freundin braucht, die einfach für sie da ist und ihr zuhört. Du musst gar nicht viel machen, sondern einfach nur für sie da sein."

„Glaubst du, dass das reicht?", fragte Ella nach und ihre Mutter nickte.

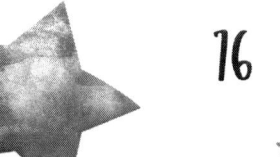

16

„Ja. Alleine die Tatsache, dass sie nicht alleine ist, wird ihr sehr viel Kraft geben, um besser mit der Situation umgehen zu können."

„Glaubst du, dass Gott jetzt böse auf Maria ist, weil sie dachte, dass er sie bestrafen will?"

„Nein. Gott ist nicht böse auf Maria. Es ist vollkommen normal an Gott zu zweifeln und sauer auf ihn zu sein. Es ist normal, sich zu fragen, warum er nichts macht, bis wir merken, dass er uns immer begleitet. Vielleicht nicht immer auf die Weise, die wir im ersten Moment wünschen, doch er ist immer da. In Marias Fall, bist du an ihrer Seite und Gott handelt durch dich. Dadurch, dass du für Maria da bist, stellt Gott sicher, dass sie ok ist. Er stellt sicher, dass sie nicht alleine durch diese Situation gehen muss, sondern eine Freundin an ihrer Seite hat, die ihr hilft", erklärte ihre Mutter und Ella verstand viel besser, wie sie ihrer besten Freundin helfen konnte.

Am nächsten Morgen in der Schule brachte sie ein Pausenbrot mehr mit und schob es Maria sanft hin. Mit einem sanften und dankbaren Lächeln nahm sie es an.

In der großen Pause saßen die beiden Mädchen auf der Bank auf dem Schulhof und Ella streckte ihrer besten Freundin einfach nur ihre Hand aus, damit sich das Mädchen an ihr festhalten konnte.

Die Tage vergingen und nach und nach kehrte das Lächeln auf Marias Gesicht wieder. Sie fing wieder an, in den Pausen zu sprechen und zu lachen. Die beiden Mädchen trafen sich wieder und gingen gemeinsam ausreiten und langsam wurde alles wieder immer mehr wie vorher.

„Danke", sagte Maria wenige Wochen später, als sie gemeinsam mit Ella auf dem Hof saß und ein leckeres Stück selbstgebackenen Kuchen ihrer Mutter genoss.

Ella schaute sie fragend an, während sie auf dem Kuchen kaute.
„Danke, dass du für mich da warst und da bist. Du bist wirklich die beste Freundin, die man sich nur wünschen kann", sagte sie und strahlte Ella an, die Maria ebenfalls anstrahlte und den Kuchen nun noch mehr genoss…

Ella die Ministrantin

Es waren bereits mehrere Monate vergangen, seitdem Ella in die neue Stadt gezogen war. Inzwischen hatte sie sich sehr gut eingelebt und neben ihrer besten Freundin Maria auch weitere Kinder kennengelernt, mit denen sie sich sehr gut verstand. Natürlich vermisste sie ab und an ihre alte Schule und allgemein ihre alte Stadt, doch ihre Mutter hatte ihr versprochen, in den nächsten Ferien gemeinsam mit ihr in ihre alte Stadt

zu fahren, um dort ihre alten Freunde und auch ihre Familie zu besuchen.

Die Herbstferien kamen immer näher und Ella konnte es kaum abwarten, mit ihrer Mutter ihre alten Freunde und ihre Familie zu besuchen. Die Herbstferien würden zwei Wochen dauern. Die erste Woche würde sie mit ihrer Mutter in ihrer alten Heimatstadt – zu Hause bei ihrer Oma und bei ihrem Opa – verbringen und in der zweiten Woche würde ihre Mutter wieder arbeiten müssen.

Zwar hatten ihr ihre Großeltern vorgeschlagen, dass Ella bei ihnen bleiben konnte, doch Ella wollte auch etwas Zeit mit ihrer besten Freundin Maria verbringen. Außerdem war sie bei Eliahs auf eine Bar Mizwa eingeladen, die sie nicht verpassen wollte. Maria war auch eingeladen und sie wollten gemeinsam hingehen. Bevor sie das taten, wollten sie sich natürlich noch etwas genauer damit befassen. Dafür würden sie jedoch genug Zeit haben, wenn Ella die zweite Ferienwoche bei Maria auf dem Hof verbringen würde.

Marias Mutter hatte Ellas Mutter angeboten, Ella für die gesamte zweite Ferienwoche bei sich

aufzunehmen. So konnte Ellas Mutter in Ruhe arbeiten, ohne Ella ständig auf den Hof fahren und wieder abholen zu müssen und die beiden besten Freundinnen würden genug Zeit haben, um zu spielen, zu quatschen und sich auf die Bar Mizwa vorzubereiten.

Am letzten Schultag vor den Herbstferien, wartete Ellas Mutter bereits auf dem Schulhof mit dem Auto, in dem die vollgepackten Koffer im Kofferraum verstaut waren. Zwar war ihre alte Stadt nicht so weit von ihrer neuen Stadt entfernt, doch ihre Mutter befürchtete, dass sie womöglich in einen Stau geraten könnten. Um nicht erst mitten in der Nacht bei ihren Großeltern anzukommen, hatte sie aus diesem Grund beschlossen, dass es am besten wäre, direkt nach der Schule loszufahren.

Zum Mittagessen hielten sie in einem kleinen Restaurant direkt an der Autobahn an und nahmen eine Kleinigkeit zu sich, um sich für den Rest der Reise zu stärken.

Zum Glück trafen sie nicht auf viel Verkehr und kamen aus diesem Grund auch recht schnell bei Ellas Großeltern an, die bereits voller Freude auf Ella und auf ihre Mutter warteten. Ihre Oma bereitete ein leckeres Abendessen vor

und Ella fühlte sich pudelwohl. Mit vollem Bauch und einem großen Lächeln auf ihrem Gesicht schlief sie an diesem Abend ein und freute sich schon sehr darauf, ihre alten Freunde in den nächsten Tagen zu sehen.

Am Sonntag ging sie, wie sie es immer gemacht hatten, als Ella und ihre Mutter noch in der alten Stadt gewohnt hatten, in die Kirche, um dort der Messe beizuwohnen.

Während sie in der Kirche saßen und zuhörten, was der Pfarrer sagte, verschwand auf einmal das Lächeln auf Ellas Gesicht. Ihre Mutter merkte, dass etwas nicht stimmte und schaute ihre Tochter fragend an.

Ella schüttelte daraufhin nur sanft ihren Kopf und richtete ihre Aufmerksamkeit dann wieder voll und ganz auf den Pfarrer und auf die Ministranten.

Als sie wieder zu Hause bei ihren Großeltern angekommen und ihre Oma wieder in der Küche verschwunden war, um das leckere Sonntagsessen vorzubereiten, sprach Ellas Mutter ihre Tochter auf ihren traurigen Gesichtsausdruck in der Kirche an.

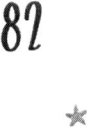

„Was war mit dir in der Kirche los?", fragte sie und Ella zuckte mit den Schultern.

„Naja – wir sind ja direkt nach meiner Erstkommunion in die neue Stadt gezogen", fing Ella und ihre Mutter nickte.

„Ja, das stimmt."

„Und eigentlich wollte ich nach der Erstkommunion als Ministrantin in der Kirche starten. Weißt du noch? Der Pfarrer hatte uns einen Infozettel mitgegeben und ich hatte mich sogar angemeldet. Aber dann hast du das Jobangebot bekommen und ich habe nicht mehr an den Stunden teilgenommen, die mich darauf vorbereiten sollten, Ministrantin werden zu können", fuhr Ella fort und ihre Mutter verstand.

„Es war dir wichtig, zu ministrieren, oder?" fragte sie nach und Ella nickte.

„Ja. Ich fühle mich so ruhig und entspannt, wenn ich in der Kirche bin und dem Pfarrer zuhöre. Aber ich möchte auch etwas machen. Ich will ein Teil des Gottesdienstes sein", erklärte sie ihrer Mutter, die sie verständnisvoll ansah.

„Wie wäre es, wenn du dich in unserer jetzigen Stadt als Ministrantin in der Kirche tätig machst? Wir könnten gemeinsam zum Pfarrer gehen und dort nachfragen, ob es eine Möglichkeit für dich gibt, um zu ministrieren. Was hältst du davon?", schlug Ellas Mutter vor. Ella riss erfreut ihre Augen auf und nickte.

„Ja, das wäre toll!", stimmte sie dem Vorschlag ihrer Mutter zu und konnte sich nun voll und ganz entspannen. Der Duft des leckeren Essens ihrer Oma füllte die ganze Wohnung aus und sie konnte es kaum abwarten zu essen und in wenigen Tagen – wenn sie wieder nach Hause fahren würden – gemeinsam mit ihrer Mutter zum Pfarrer zu gehen, um nach einer Möglichkeit zu suchen, wie sie ministrieren konnte.

Da ihre Großeltern kurzfristig eine Einladung zu einem Geburtstag ihrer Freunde erhalten hatten, beschlossen Ella und ihre Mutter nicht eine ganze Woche zu bleiben, sondern nach vier Tagen wieder zu fahren.

Das gab Ellas Mutter auch die Möglichkeit, sich gemeinsam mit Ella zur Kirche zu begeben und dort mit dem Pfarrer zu sprechen.

Der Pfarrer begrüßte Ella und ihre Mutter sehr herzlich und nahm sich viel Zeit, um mit den beiden über Ellas großen Wunsch zu sprechen.

„Ich freue mich sehr, dass du bei uns in der Gemeinde ministrieren möchtest", sagte Pfarrer Ludwig und lächelte Ella freundlich an.

„Morgen fängt ein Kurs an, der von unserem Oberministranten Oliver geleitet wird und dich und andere Kinder darauf vorbereitet, in Zukunft in der Messe zu ministrieren", teilte er Ella mit, die ihn freudig anstrahlte.

„Ja, das wäre toll", sagte sie und der Pfarrer schrieb ihr den Namen des Oberministranten, seine Telefonnummer und die Uhrzeit des Treffens am nächsten Tag auf und drückte ihr den Zettel anschließend in die Hand.

„Es tut mir leid – ich möchte euch nicht rauschmeißen, aber ich muss mich nun auf zu meinem nächsten Termin machen", sagte er und deutete mit seinem Kopf nach draußen, wo bereits eine Gruppe von Kindern auf ihn zu warten schien.

„Wer sind all die Kinder?", fragte Ella nach.

„Das sind Kinder aus einem Waisenhaus. Kinder, die keine Eltern mehr haben und jede Woche hierherkommen, um sich Spielsachen abzuholen, die Menschen gespendet haben und, um einfach ein bisschen zu sprechen", erklärte Pfarrer Ludwig und Ella schaute in die Gesichter der Kinder.

„Warum lässt Gott zu, dass die Kinder so leiden? Warum hat er ihnen ihre Eltern weggenommen?", fragte sie den Pfarrer, der sie verständnisvoll ansah.

„Das Leid wurde nicht von Gott gemacht. Das Leid entsteht aus der Hand des Menschen. Aus diesem Grund greift Gott nicht direkt ein. Er schickt uns Menschen, die uns helfen oder setzt in uns die Kraft frei, die wir brauchen, um anderen Menschen helfen zu können", erklärte Pfarrer Ludwig und Ella verstand nun, was dieses Gefühl in ihrem Brustkorb zu bedeuten hatte. Sie verspürte den Drang danach, etwas zu tun. Sie wollte helfen und auch etwas bewegen. Sie spürte diese Kraft in sich, die sie brauchte, um sich für die Kinder stark zu machen und ihnen ein Lächeln auf ihre Gesichter zu zaubern.

„Verstehe!", sagte sie und beschloss, ihren Teil dazu beizutragen, dass die Kinder ein schöneres Leben haben konnten. Voller Tatendrang verließ sie mit ihrer Mutter das Pfarrhaus, nachdem sie sich von Pfarrer Ludwig verabschiedet hatte.

Als sie zu Hause angekommen war, ging sie direkt in ihr Zimmer, um sich genau umzusehen und all die Spielsachen auszusuchen, mit denen sie nicht mehr spielte. Sie wollte diese Spielsachen an die Kinder im Waisenhaus schenken und ihnen somit eine Freude machen.

„Was machst du da?", fragte Ellas Mutter, als sie in ihr Zimmer kam, um zu sehen, was sie dort tat. Sie hatte sich gewundert, dass es Ella auf einmal so eilig gehabt hatte, nach Hause zu kommen.

„Ich suche Spielsachen aus, die ich nicht mehr brauche", erklärte sie und ihre Mutter schaute sie weiterhin fragend an.

„Warum?"

„Ich möchte sie an das Waisenhaus spenden. Pfarrer Ludwig hat gesagt, dass die Kinder dort nicht

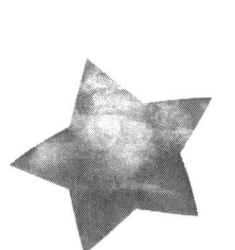

viele Spielsachen haben und sich freuen, wenn sie neue Dinge bekommen."

„Das ist toll von dir", antwortete ihre Mutter und lächelte ihre Tochter stolz an.

„Später will ich auch Kuchen backen, den ich dann gemeinsam mit den Spielsachen vorbeibringe", verkündete Ella und ihre Mutter schaute sie anerkennend an.

„Ella, das ist eine tolle Idee. Aber am besten sprechen wir vorher mit Pfarrer Ludwig, wie wir am besten vorgehen können. Was meinst du?", schlug ihre Mutter vor und Ella hielt einen Moment inne, um über den Vorschlag ihrer Mutter nachzudenken.

„Ja, vielleicht hast du recht", willigte sie ein und verließ ihr Zimmer.

„Fährst du nochmal mit mir zur Kirche?", rief sie aus dem Esszimmer und ihre Mutter musste grinsen.

„Na klar!", sagte sie und folgte Ella durch das Esszimmer in den Flur, um sich dort wieder ihre Schuhe anzuziehen.

„Hallo Ella, hast du vorhin etwas vergessen?", wurde sie freundlich von Pfarrer Ludwig begrüßt, als sie erneut ins Pfarrhaus eintrat.

„Nein, aber ich habe einen Vorschlag und eine Frage", antwortete sie und folgte dem Pfarrer in sein Büro.

„Na dann lass mal hören. Ich bin ganz Ohr", sagte er und Ella erzählte ihm von ihrer Idee.

„Das ist eine tolle Idee, Ella. Ich finde es super, wie du dich für die Kinder stark machst. Allerdings glaube ich, dass es den Kindern noch mehr helfen würde, wenn wir einen ganzen Kuchenbazar machen, auf dem wir Kuchen verkaufen. Mit dem Geld können wir den Kindern dann Weihnachtsgeschenke machen, die sie sich so sehr wünschen, für die aber leider oft kein Geld im Waisenhaus zur Verfügung steht", schlug er vor und Ella nickte.

„Ja, das ist eine gute Idee", willigte sie ein und Pfarrer Ludwig lächelte sie breit an.

„Wie wäre es, wenn du direkt morgen mit Oliver darüber sprichst? Als Oberministrant kümmert er sich in der Regel um derartige Sachen. Du kannst gemeinsam mit ihm die Planung übernehmen und dich natürlich zu jeder Zeit an mich wenden, wenn ihr Hilfe braucht", bot Pfarrer Ludwig an.

„Ich würde nur warten, bis die Herbstferien um sind und die Schule wieder angefangen hat. Dann können mehr Menschen teilnehmen und wir werden mit Sicherheit sehr viel mehr Spendengelder sammeln", gab Pfarrer Ludwig zu bedenken und Ella nickte zustimmend.

Am nächsten Tag stand das Treffen mit dem Oberministranten an. Ella war aufgeregt und konnte es kaum abwarten, Oliver und all die anderen Kinder kennenzulernen, die genau wie sie, den Wunsch danach hatten, zu ministrieren.

„Hallo zusammen", stellte sich Oliver vor. Er lächelte die Kinder freundlich an und Ella freute sich auf all das, was sie in der kommenden Stunde lernen würde.

Sie hatte viel Spaß während der Stunde, freundete sich auch bereits mit einigen Kindern an, die alle nicht auf ihre Schule gingen, aber in ihrer Nähe wohnten und freute sich schon sehr auf die nächste Stunde.

Nachdem sich Oliver von den Kindern verabschiedet hatte, nutzte Ella ihre Chance und sprach Oliver an.

„Hi, Oliver. Ich habe eine Bitte", startete sie, doch Oliver schaute sie bereits wissend und mit einem großen Grinsen auf seinem Gesicht an.

„Hi, Ella. Pfarrer Ludwig hat mir schon von dir und von deiner Idee erzählt. Ich finde es super, wie du dich für die Kinder einsetzt und was für tolle Ideen du hast", lobte er und Ella grinste.

„Heißt das, dass du mir hilfst?", fragte sie und Oliver nickte.

„Natürlich helfe ich dir! Zusammen ist man immer stärker als alleine. Nicht ohne Grund bist du genau jetzt daran interessiert, Ministrantin zu werden. Gott hat dich geleitet, um sicherzustellen, dass die Kinder dieses Jahr

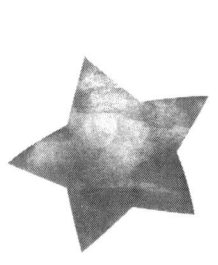

ein schönes Weihnachtsfest erleben werden. Dank dir und deiner Idee werden diese Kinder dieses Jahr wunderschöne Geschenke auspacken dürfen", sagte Oliver und Ella wurde rot.

„Ach, das hätte bestimmt jeder andere an meiner Stelle auch so gemacht", winkte sie ab, woraufhin Oliver seinen Kopf schüttelte.

„Nein, Ella. Viel zu viele Menschen denken nur daran, was sie alles machen könnten, um die Welt zu verbessern und anderen Menschen zu helfen. Viel zu wenige machen jedoch wirklich etwas und setzen ihre Gedanken in Taten um. Ich finde es toll, dass du direkt gehandelt und nicht gewartet hast, bis jemand anders den ersten Schritt geht. Du hast eine unendlich große Willensstärke in dir und bist unglaublich stark. Es ist schön zu sehen, dass du diese Stärke nutzt, um dich für andere stark zu machen und einzusetzen", sagte er und Ella lächelte ihn fröhlich an.

„Ich würde sagen, wir setzen uns die nächsten Male nach den Ministrier-Stunden zusammen und überlegen uns, wie wir am besten vorgehen. Vielleicht haben auch

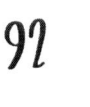

andere ältere Ministranten oder Kinder aus deiner Gruppe Lust, mitzumachen", schlug er vor.

„Ja, das hört sich toll an!" stimmte Ella zu.

„Je mehr wir sind, umso besser ist es", sagte sie und grinste Oliver breit an.

Sie wusste, dass sie gemeinsam mit Oliver und allen, die mitmachen wollten, viele Spenden sammeln konnte, um den Kindern ein schönes Weihnachtsfest zu ermöglichen. Sie freute sich schon sehr darauf, mit der Planung zu starten und den Kuchenbazar wahrwerden zu lassen.

Ella und der Kuchenbazar

„Weißt du, wie wir uns am besten anziehen sollen?", fragte Maria, als sie gemeinsam mit Ella überlegte, wie sie sich am besten zur Bar Mizwa des großen Bruders von Eliahs kleiden sollten. Er hatte sie vor einigen Wochen eingeladen, als sie die Synagoge besucht hatten, in der sein Vater Rabbi war. Vor wenigen Tagen, als sie sich in der Stadt getroffen hatten, um gemeinsam eine Tasse Kakao zu trinken, hatte er erneut wiederholt, dass es ihn freuen würde, wenn Ella, Maria und auch Rusul zur Bar Mizwa seines Bruders kommen würden.

94

„Ich denke, dass wir uns ruhig etwas festlicher anziehen können", sagte Ella und überlegte für einen Moment.

„So, wie sich die Gäste angezogen haben, als du Erstkommunion hattest", fügte sie hinzu und Maria schaute sie belustigt an.

„Woher willst du wissen, wie die Gäste angezogen waren, als ich Erstkommunion hatte? Du hast eine Erstkommunion doch noch in deiner alten Stadt gefeiert, oder?", fragte sie nach und Ella grinste.

„Natürlich – aber ich denke, dass deine Gäste auch elegant gekleidet waren – wie meine", erwiderte Ella und Maria nickte.

„Ja du hast recht. Dann ziehen wir uns am besten ein schönes Kleid und Strumpfhosen an. Dann sind auch unsere Knie bedeckt. Das war doch wichtig, oder?"

„Ja. Rabbi Avdan hatte das gesagt. Mädchen und Frauen sollten auf jeden Fall Kleidung tragen, die bis zum Knie reicht und es am besten bedeckt."

„Super, dann wissen wir ja schon einmal, was wir anziehen sollen", stellte Maria beruhigt fest und Ella nickte zustimmend.

„Aber, was ist eine Bar Mizwa eigentlich? Weißt du, was uns erwartet?", fragte sie und Ella schüttelte ihren Kopf.

„Wir könnten Eliahs anrufen und ihn fragen", schlug sie vor.

„Gute Idee. Ich rufe auch Rusul an. Bestimmt weiß sie auch nicht, was sie erwartet. Dann können wir uns alle mit Eliahs treffen und er kann uns erzählen, was genau bei der Bar Mizwa passieren wird", antwortete Maria und ging ins Wohnzimmer, um das Telefon zu suchen.

Eine Stunde später saßen Eliahs, Rusul, Ella und Maria auf dem Heuboden des Reiterhofes mit Keksen und warmen Kakao in ihren Händen und unterhielten sich.

„Also Eliahs. Was erwartet uns nun genau auf der Bar Mizwa?", fragte Ella, ohne länger um den heißen Brei herum zu reden.

Eliahs grinste und biss in seinen Keks. Er kaute

lange auf ihm herum und nahm einen großen Schluck Kakao, bevor er den Mädchen antwortete.

„Deshalb habt ihr mich also angerufen", sagte er und grinste erneut.

„Eine Bar Mizwa ist ein sehr wichtiges Fest für die Jungen im Judentum. Mein Bruder hat vor kurzem seinen 13. Geburtstag gefeiert. Das heißt, dass er nun alt genug ist, um offiziell in die Gemeinschaft aufgenommen zu werden. Aus diesem Grund feiern wir ein großes Fest, wenn das passiert ist", erklärte er, während ihm die Mädchen aufmerksam zuhörten.

„Das heißt, dass wir nicht nur mit in die Synagoge kommen, sondern dass es hinterher auch eine Party gibt?", fragte Maria und Eliahs nickte.

„Ja. Die Bar Mizwa startet in der Synagoge und hinterher gehen wir alle zu uns nach Hause, um gemeinsam zu essen und zu feiern."

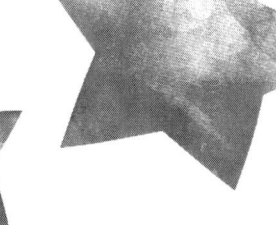

„Das hört sich toll an!", sagte Maria und Rusul und Ella nickten unterstützend.

Den Rest des Nachmittags verbrachten die vier Freunde damit, sich zu unterhalten, Spiele zu spielen, Kekse zu essen und Kakao zu trinken. Nie hätte Ella gedacht, so gute Freunde in so kurzer Zeit zu finden. In den ersten Tagen, in denen sie neu in die Stadt gekommen war, hatte sie sich leer und alleine gefühlt. Doch diese Leere hat sich durch ihre Freundschaft zu Eliahs, Maria und Rusul schnell gelegt und mit Wärme, Licht und Wohlbefinden gefüllt.

Ein paar Tage später war es nun soweit. Die Bar Mizwa fand in der großen Synagoge statt und Eliahs Bruder schien recht aufgeregt zu sein.

Er las aus der Tora vor, die sie gemeinsam mit Rabbi Advan bei ihrem Besuch in der Synagoge gesehen hatten. Leider verstanden die drei Mädchen nichts, da Eliahs Bruder auf Hebräisch, die Sprache der Juden, aus der Tora vorlas, doch es hörte sich toll an, weshalb sie trotzdem gespannt zuhörten.

Anschließend gingen sie alle zu Eliahs nach Hause, um dort gemeinsam mit all den anderen Gästen der Bar Mizwa ein leckeres Essen zu genießen und die Aufnahme von Eliahs Bruder in die Gemeinschaft zu feiern.

„Wenn du 13 bist und auch deine Bar Mizwa feierst, wissen wir jetzt, was wir uns erwarten dürfen“, sagte Ella, während sie sich an dem großen Buffet bediente.

„Danke, dass du uns eingeladen hast. Das war ein wirklich tolles Fest“, stimmte Rusul zu und Maria nickte.

„Das IST ein tolles Fest“, sagte sie und die vier Freunde grinsten sich an.

Seit der Bar Mizwa von Eliahs großem Bruder waren bereits einige Tage vergangen. In wenigen Tagen würde Ella erneut ein Treffen mit den Ministranten und somit die Möglichkeit haben, um mit Oliver über die Organisation eines Kuchen-bazars zu sprechen.
Sie war so aufgeregt und begeistert von ihrer Idee, dass sie auch Maria davon erzählte.

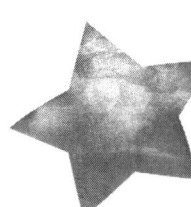
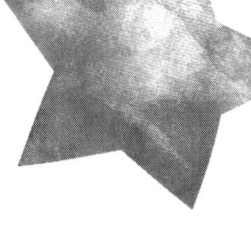

„Na, was gibt es bei euch so Spannendes zu erzählen, das nicht warten kann, bis ich mit meinem Unterricht fertig bin?", fragte Frau Braun und unterbrach das Gespräch zwischen den beiden Freundinnen.

„Ähm... wir... also...", stammelte Maria und Ella atmete tief ein, um all ihren Mut zusammen zu nehmen und Frau Braun zu erzählen, worüber sie gesprochen hatten.

„Es tut mir leid, dass wir Ihren Unterricht gestört haben", fing sie an und blickte Frau Braun entschuldigend in die Augen.

„Aber, ich bereite mich gerade darauf vor, Ministrantin zu werden. Und gemeinsam mit dem Oberministranten organisiere ich einen Kuchenbazar, um Geld für die Kinder im Waisenhaus zu sammeln. Pfarrer Ludwig hat mir erzählt, dass sie an Weihnachten nie wirklich Geschenke bekommen. Das möchte ich dieses Jahr ändern, indem wir genug Geld sammeln, um allen Kindern ein Lächeln auf das Gesicht zaubern zu können", fuhr sie fort und auf dem anfangs noch etwas säuerlichem Gesicht von Frau Braun machte sich nun ein großes Lächeln breit.

„Das ist eine wunderschöne Idee", sagte sie und überlegte für einen Moment.

„Aber vielleicht habe ich eine noch bessere Idee", fuhr sie fort und klappte das Buch zu, das sie in der Hand hielt.

„Was haltet ihr davon, wenn wir einen großen Spendenlauf organisieren und ihn mit dem Kuchenbazar verbinden? Wir könnten so die ganze Schule mit einbeziehen und noch mehr Gelder sammeln", schlug sie vor und Ella schaute ihre Lehrerin mit weit aufgerissenen, strahlenden Augen an.

„Das ist eine tolle Idee! Aber wir müssen das bald organisieren. Wir brauchen Zeit, um die Weihnachtsgeschenke zu kaufen und schön zu verpacken. So viel Zeit haben wir nicht mehr, bis Weihnachten ist", sagte erwiderte Ella und Frau Braun nickte.

„Wie hast du gesagt heißt der Pfarrer?"

„Pfarrer Ludwig", antwortete Ella und Frau Braun nickte.

„Wenn du nichts dagegen hast, würde ich ihn direkt nach der Schule anrufen und ihn fragen, was er von der Idee hält? Ich möchte dir auf keinen Fall in deine Pläne reinreden, aber vielleicht kann ich dich so ein bisschen unterstützen?", fragte sie und Ella nickte.

„Ja, das wäre toll!", bedankte sie sich und lächelte Frau Braun an.

„Was ist ein Spendenlauf?", meldete sich auf einmal Rusul zu Wort und Frau Braun ging zurück an ihr Lehrerpult.

„Das ist eine gute Frage. Danke Rusul. Entschuldigt bitte – ich hätte mir denken können, dass vielleicht nicht alle etwas mit dem Begriff anfangen können."

„Bei einem Spendenlauf handelt es sich um einen Lauf, bei dem ihr Runden über den Sportplatz der Schule lauft. Für jede Runde bezahlen Spender Geld. Ihr könnt euch selbst aussuchen, wie viele Spender ihr euch sucht und die Spender entscheiden selbst, wie viel Geld sie pro Runde spenden wollen. Je mehr Runden ihr lauft, umso mehr Geld kommt somit zusammen. Wer also viele Spender findet und

102

viele Runden läuft, kann somit sehr viel Geld sammeln", erklärte Frau Braun.

„Das ist ja toll!" rief Rusul aus.

„Und beim Kuchenbazar im Anschluss bieten wir dann die Stärkung an und sammeln noch mehr Spenden", sagte Ella und ihre Augen strahlten vor Freude.

Sie war froh, dass sie Frau Braun von ihren Plänen erzählt hatte und freute sich nun noch mehr darüber, dass sie ihr dabei helfen wollte, das Ganze zu organisieren und noch größer zu gestalten.

Als sie am Nachmittag zum Ministranten-Unterricht ging, wartete Oliver bereits mit einem breiten Grinsen auf sie.

„Pfarrer Ludwig hat mir erzählt, was für eine tolle Idee du hattest. Deine Klassenlehrerin hat ihn vorhin angerufen. Ella, das ist einfach klasse. Sie hat vorgeschlagen, den Sportplatz der Schule zu nutzen und die ganze Gemeinde mit einzuladen", begrüßte er sie und Ella riss vor lauter Erstaunen ihren Mund weit auf.

103

„Das ist toll!", sagte sie und nickte.

„Am besten setzen wir uns morgen Nachmittag alle zusammen, um gemeinsam zu überlegen, wie wir am besten vorgehen und alles planen. Dann können wir Läufer für den Spendenlauf und Kuchenbäcker für den Kuchenbazar suchen. Schließlich brauchen die Läufer ein bisschen Zeit, um sich die passenden Spender zu suchen", schlug Oliver vor.

„Ja, das passt mir gut. Wir müssen nur Pfarrer Ludwig und Frau Braun fragen, ob sie morgen auch Zeit haben", erinnerte ihn Ella und Oliver nickte.

Sowohl Frau Braun als auch Pfarrer Ludwig hatten Zeit, um sich mit Oliver und Ella zu treffen. Gemeinsam planten sie den Spendenlauf und den Kuchenbazar. Frau Braun erklärte sich dazu bereit, im Kunstunterricht gemeinsam mit den Kindern Plakate zu malen und Oliver kümmerte sich darum, Stempelkarten und Stempel zu organisieren, um die Runden zu zählen, die jedes Kind um den Sportplatz laufen würde.

Alle hingen sich ins Zeug und trugen dazu bei, dass wenige Tage später sowohl in der Kirche als auch in der Schule und in der Innenstadt Plakate hingen, die auf den Spendenlauf und den Kuchenbazar am Wochenende aufmerksam machten.

„Ella, darf ich reinkommen?", hörte Ella die Stimme ihrer Mutter, nachdem sie an ihre Tür geklopft hatte.

„Klar!", erwiderte Ella und sah ihre Mutter zur Tür reinkommen.

„Na, wie geht es dir?", fragte sie und setzte sich auf Ellas Bettkante.

„Gut", antwortete sie mit einem müden Lächeln, bevor sie gähnte.

„Nur ein bisschen müde", gab sie zu und ihre Mutter musste grinsen.

„Das glaube ich dir. Du hast sehr viel Zeit in die Organisation und die Planung des Spendenlaufes und des Kuchenbazars gesteckt. Ich bin sehr stolz auf dich und

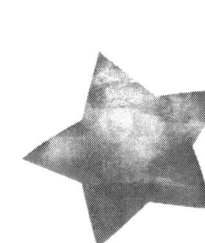

freue mich, dass du dich so für die Kinder einsetzt", sagte ihre Mutter und streichelte Ella sanft über den Kopf.

„Und es tut mir leid, dass ich in den letzten Wochen so wenig Zeit für dich hatte", entschuldigte sie sich.

„Das macht nichts, Mama. Ich weiß, dass du es für dich und mich getan hast. Damit wir ein schönes Leben haben", sagte Ella und lächelte ihre Mutter aufrichtig an.

„Kann ich dir irgendwie helfen? Kann ich etwas tun?", fragte Ellas Mutter nach und Ella überlegte für einen kurzen Moment.

„Eine Sache gäbe es…", fing sie an und ihre Mutter schaute sie fragend an.

„Na, raus damit. Was kann ich machen?"

„Ich brauche noch ein paar Spender. Oma und Opa habe ich schon gefragt – sie spenden 5 Euro pro Runde, die ich laufe. Auch Tante Bettina ist mit dabei. Sie spendet 3 Euro pro Runde. Aber, je mehr Spender ich habe, umso

mehr kann ich für die Kinder im Waisenhaus sammeln. Willst du nicht auch Spenderin sein?", fragte Ella und schaute ihre Mutter mit großen, bettelnden Augen an.

„Natürlich spende ich auch! Schreib mich auf jeden Fall mit auf deine Liste!", antwortete ihre Mutter und stand von der Bettkante des Bettes auf.

„Aber jetzt gehst du am besten erst einmal schlafen. Du bist müde und musst Kraft sammeln. Der Spendenlauf soll doch schon übermorgen stattfinden, oder?"

Ella nickte und gähnte erneut.

„Na dann schau zu, dass du dich ausruhst und ausreichend Energie tankst, um ganz viele Runden laufen zu können", sagte ihre Mutter, bevor sich Ella streckte und dann auf ihr Kissen fallen ließ.

Zwei Tage später war es soweit. Die Schule hatte den Sportplatz und die Turnhalle am Samstag zur Verfügung gestellt, um zum einen den Spendenlauf und zum anderen den Kuchenbazar dort stattfinden lassen zu können.

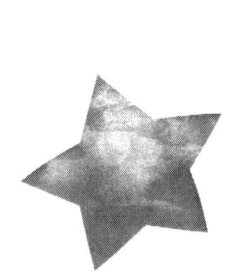

107

Als Ella mit Maria auf den Schulhof kam, traf sie dort bereits auf Rusul und auf Eliahs. Beide waren nicht alleine gekommen, sondern hatten zahlreiche Kinder mit ihren Familien mitgebracht. In diesem Moment wurde Ella klar, dass dieser Spendenlauf und der Kuchenbazar nicht nur viel Geld für die Kinder im Waisenhaus einbringen würde. Er würde auch Menschen verschiedener Religionen zusammenbringen, die gemeinsam für einen guten Zweck liefen, backten und aßen.

Ella fühlte eine unendlich große Kraft in sich. Und obwohl sie in der Nacht zuvor nicht sehr viel geschlafen hatte, fühlte sie sich nun so, als könne sie Bäume ausreißen. Sie war bereit, um viele Runden um den Sportplatz zu laufen und so viel Geld, wie möglich für die Kinder im Waisenhaus zu sammeln.

Gemeinsam mit ihren Freunden und vielen anderen Kindern aus ihrer Schule, ihrer Gemeinde, der Gemeinde von Rusuls Moschee und Eliahs Synagoge stellte sie sich an die Startlinie, hielt ihre Stempelkarte in der Hand und machte sich bereit dazu, loszulaufen und so viele Runden, wie möglich zu schaffen.

Frau Braun machte vor dem Startschuss noch einmal darauf aufmerksam, dass es nicht darum ging, wer am schnellsten lief. Vielmehr ging es darum, Spaß an dem Lauf zu haben und mit Freude für einen guten Zweck zu laufen.

„Auf die Plätze, fertig, los!", sagte sie anschließend und mit dem Wort „Los" rannten alle Kinder los, um ihre erste Runde rund um den Sportplatz zu starten.

Die Eltern und die Spender sowie viele Passanten blieben am Sportplatz stehen und feuerten die Kinder motivierend an. Ella lief neben Maria, Rusul und Eliahs und gemeinsam liefen sie so Runde für Runde.

Ella merkte, wie sie immer müder und schwächer wurde. Ihre Beine wurden langsam wackelig und sie hatte Schwierigkeiten damit, sich auf den Weg zu konzentrieren.
„Ella, ist alles ok?", fragte Maria und schaute ihre Freundin besorgt an.

Ella nickte, musste jedoch für einen Moment anhalten, um Luft zu holen.

„Ella, ich glaube, du brauchst eine Pause", meldete sich auch Rusul zu Wort und Eliahs blieb ebenfalls stehen, um zu sehen, was mit Ella passiert war.

„Nein, ist schon ok. Ich muss nur kurz was trinken und dann kann ich weitermachen. Ihr könnt schon mal weiterlaufen. Ich komme gleich nach", sagte sie und zeigte ihren Freunden den Daumen nach oben, um ihnen zu sagen, dass sie zurechtkam und sie beruhigt ohne sie weiterlaufen konnten.

Sie blickte auf ihre Stempelkarte und zählte die Stempel, die ihr Oliver am Stempelstand auf die Karte gedrückt hatte. Sie hatte 10 Stempel. Allerdings hatte die Karte noch Platz für sehr viel mehr Stempel. Sie wollte weiterlaufen und noch mehr Geld für die Kinder im Waisenhaus sammeln.

Nachdem sie einen Schluck getrunken hatte, ging sie zurück zu den anderen Kindern und wollte weiterlaufen. Bevor sie starten konnte, fühlte sie eine Hand auf ihrer Schulter. Ella drehte sich um, um zu sehen, wer hinter ihr stand und blickte dabei Frau Braun in ihr besorgtes Gesicht.

„Ella, übernimm dich nicht", sagte sie und Ella schaute sie fragend an.

„Nein. Wieso sollte ich mich übernehmen? Ich will einfach nur noch ein paar Runden laufen", erklärte sie, doch Frau Braun hielt ihre Hand immer noch auf Ellas Schulter.

„Ja, aber du bist blass und schwach. Ich möchte nicht, dass du deine Gesundheit und dein Wohlbefinden opferst, um noch mehr Runden zu laufen."

„Aber ich möchte, dass die Kinder im Waisenhaus ein schönes Weihnachtsfest haben", protestierte Ella.

„Das werden sie", hörte sie auf einmal eine Stimme hinter Frau Braun. Ein Mädchen tauchte hinter ihr auf und strahlte Ella an. Ella hatte das Mädchen schon einmal gesehen. Sie konnte sich nur nicht genau daran erinnern, wann. Auf einmal ging ihr ein Licht auf und sie wusste, warum ihr das sympathische Mädchen so bekannt vorkam. Sie war eines der Mädchen, mit dem sich Pfarrer Ludwig getroffen hatte, als Ella und ihre Mutter zum ersten Mal zum Gespräch bei ihm im Pfarrhaus waren. Sie war eines der Waisenkinder.

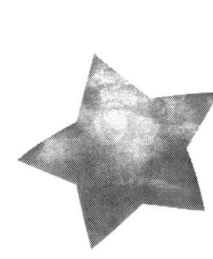
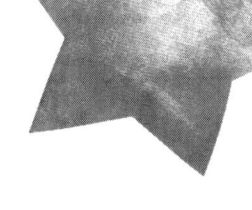

III

„Danke, Ella. Wir sind dir so dankbar für alles, was du für uns gemacht hast und machst. Alleine die Tatsache, dass du dir Gedanken um unser Weihnachtsfest machst und dir wünschst, dass wir schöne Weihnachten verbringen, bedeutet uns unendlich viel", fuhr das Mädchen fort und Ella lächelte sie breit an.

„Ich finde, dass jeder schöne Weihnachten haben soll", sagte sie und das Mädchen erwiderte ihr Lächeln.

„Danke. Aber du hast uns nicht nur die Möglichkeit auf ein schönes Weihnachtsfest geschenkt, sondern auch auf uns aufmerksam gemacht. Du hast Menschen darauf aufmerksam gemacht, dass es Kinder in der Stadt gibt, die als Waisen aufwachsen. In den letzten Tagen haben sich so viele Organisationen im Waisenhaus gemeldet, um uns Sport, Musikunterricht und viele andere Angebote anzubieten. Danke, Ella", bedankte sich das Mädchen und, obwohl sie und Ella sich kaum kannten, fielen sich die beiden Mädchen in die Arme.

„Und, wenn du unbedingt noch mehr helfen möchtest, geh zu Oliver und hilf ihm dabei, die Stempel auf die Stempelkarten zu drücken. Aber tu mir den Gefallen

und laufe nicht noch mehr Runden. Es ist schön und gut, anderen Menschen zu helfen. Aber du solltest dabei nie vergessen, dich auch um dich selbst zu kümmern und für dein Wohlbefinden zu sorgen", sagte Frau Braun und Ella nickte.

Sie lächelte das Mädchen noch einmal breit an und machte sich dann auf den Weg zu Oliver, um ihm beim Stempeln der Stempelkarten zu helfen. Sie war sich sicher, dass bei all den Stempeln, die sie all den Kindern auf die Karten drückte, bestimmt viel Geld zusammenkommen würde.

Ella und Anna

Ella hatte ein wunderschönes Weihnachtsfest verbracht. Silvester war auch schön und sie war gemeinsam mit ihrer Mutter, Maria und Marias Mutter in das neue Jahr gerutscht. Einen schöneren Abschluss hätte sie sich für das vergangene Jahr nicht wünschen können.

Marias Mutter hatte sogar Ellas Großeltern mit auf den Reiterhof eingeladen, sodass sie zu

Silvester eine sehr große Gruppe an Menschen waren, die gemeinsam das alte Jahr verabschiedeten und das neue Jahr begrüßten.

Die ersten Tage des neuen Jahres verbrachte Ella zu Hause mit ihrer Mutter. Ab und zu traf sie sich mit ihren Freunden, doch die meiste Zeit hinweg las sie in ihren neuen Büchern, die sie zu Weihnachten geschenkt bekommen hatte.

Als nach wenigen Tagen die Schule wieder anfing, kam Frau Braun mit einem Stück Zeitungspapier ins Klassenzimmer und hieß ihre Klasse herzlich zu dem neuen Schuljahr willkommen.

„Ich habe hier eine tolle Nachricht für euch", teilte sie der Klasse mit und deutete auf das Stück Zeitungspapier in ihrer Hand.

„Dieser Artikel hier erzählt davon, dass die Kinder im Waisenhaus nicht nur ein wunderschönes Weihnachtsfest gefeiert haben, sondern, dass die Stadt plant, immer wieder Kuchenbazars und Spendenläufe zu organisieren, um Menschen in der Not helfen zu können", teilte sie freudig

mit und die Kinder der Klasse klatschten begeistert in ihre Hände.

„Und Ella…", fuhr Frau Braun anschließend fort, während sie zu Ellas Bank lief.

„Für dich habe ich hier eine besondere Nachricht", sagte sie und legte Ella einen Brief auf den Tisch.

„Danke."

„Du kannst ihn gerne jetzt lesen oder ihn auch mit nach Hause nehmen – wie es dir lieber ist", bot Frau Braun an und Ella winkte dankend ab.

„Ich glaube, ich lese den Brief, wenn ich zu Hause bin", sagte sie und Frau Braun nickte.

„Was glaubst du, von wem der Brief ist?", fragte Maria neugierig, woraufhin Ella unwissend mit ihren Schultern zuckte.

„Das werden wir nach der Schule rausfinden", antwortete sie.

„Ich komme doch eh mit zu dir – dann können wir gemeinsam lesen, was im Brief steht", sagte Ella und Maria nickte begeistert.

Dann fing Frau Braun mit ihrem Unterricht an und Ella hörte aufmerksam zu. Als die Klingel den Schultag beendete, verließen Maria, Rusul und Ella das Klassenzimmer. Vor der Schule verabschiedeten sich Maria und Ella von Rusul, die schnell nach Hause wollte, um dort zu beten und machten sich auf den Weg zum Reiterhof.

Nachdem sie Nudeln mit Tomatensoße zum Mittagessen gegessen hatten, machten sie es sich auf den Heuboden bequem. Obwohl es draußen sehr kalt war und schneite, hielt sie der Heuboden immer angenehm warm.

„Also, was steht im Brief drinnen?", fragte Maria neugierig, als Ella den Umschlag öffnete, um zu sehen, was auf dem Brief geschrieben stand.

„Er ist von dem Mädchen aus dem Waisenhaus – das Mädchen, mit dem ich mich am Tag des Spendenlaufes kurz unterhalten habe", antwortete Ella und las weiter.

„Sie bedankt sich für alles, was wir für das Waisenhaus gemacht haben und würde sich freuen, wenn wir sie mal besuchen kommen würden."

„Wir?", fragte Maria ungläubig nach.

„Ja – sie weiß, dass ich den Spendenlauf und den Kuchenbazar nicht alleine geplant habe und, dass du meine beste Freundin bist. Sie würde sich freuen, wenn wir sie in den nächsten Tagen besuchen kommen", wiederholte Ella und Maria nickte.

„Das sollten wir auf jeden Fall machen."

„Ja. Das machen wir", stimmte Ella zu, wurde jedoch von einem lauten Schrei unterbrochen.

Die beiden Mädchen rannten schnell zum Fenster, das sich auf dem Heuboden befand, um einen besseren Blick auf den Hof zu bekommen. Auf dem Hof stand Marias Mutter und fuchtelte wild mit ihren Armen, während sie in die Richtung des Waldes schaute.

„Was ist mit deiner Mutter los?", fragte Ella, doch Maria zuckte unwissend mit ihren Schultern.

„Keine Ahnung. Lass uns besser einmal nachsehen, was passiert ist und, ob wir vielleicht irgendwie helfen können", erwiderte sie.

Schnell faltete Ella den Brief wieder zusammen und steckte ihn in den Umschlag, bevor sie Maria die Leiter herunter folgte und gemeinsam mit ihr zu Marias Mutter auf den Hof eilte.

„Mama, was ist passiert?", fragte Maria besorgt nach. Marias Mutter schaute die beiden Freundinnen mit einem roten Gesicht an und holte tief Luft.

„Anna – das kleine Mädchen, das seit ein paar Wochen hier Reitunterricht nimmt, ist ohne meine Erlaubnis mit Donner ausgeritten. Sie ist noch nicht so weit, als dass sie alleine ausreiten könnte", beklagte sich Marias Mutter.

„Oh nein. Und dann auch noch auf Donner", sagte Maria und schüttelte besorgt ihren Kopf.

„Ihr meint Donner – das wilde Pferd, das ihr gerade dressiert?", fragte sie und Maria und ihre Mutter nickten mit ihren Köpfen.

„Ohje, das hört sich nicht gut an", sagte sie und kaute nervös auf ihrer Unterlippe.

„Ja. Vor allem, weil Anna anscheinend einen Streit mit ihren Eltern hatte und sehr wütend war, bevor sie auf Donner gestiegen und einfach weggeritten ist. Ich mache mir wirklich Sorgen, dass ihr etwas passieren könnte. Aber ich habe hier noch mehr Reitschüler, die ich nicht einfach so alleine lassen kann. Ich weiß nicht, was ich tun soll", schluchzte sie. Maria und Ella warfen sich einen kurzen Blick zu und nickten kurz.

„Wir helfen dir", verkündete Maria.

„Wir suchen Anna", pflichtete ihr Ella bei und machte sich gemeinsam mit Maria auf zu dem Pferdestall, um die Pferde zu satteln.

„Aber seid bitte vorsichtig", bat Marias Mutter, bevor sie den beiden Mädchen dankte und sich dann zurück zu ihren anderen Reitschülern begab.

120

„Warum glaubst du, ist Anna mit Donner weggeritten?", fragte Ella und Maria zuckte nachdenklich mit ihren Schultern.

„Vielleicht brauchte sie einfach Ruhe und wollte alleine sein."

„Aber sie begibt sich mit ihrer Aktion selbst in Gefahr."

„Ich weiß. Deswegen müssen wir sie so schnell wie möglich finden", erwiderte Maria, während sie auf den Rücken ihres Pferdes stieg. Ella machte es ihrer Freundin nach und gemeinsam ritten sie in den Wald, in den Anna, laut Marias Mutter, verschwunden war.

Die Mädchen suchten Anna überall und wollten schon fast aufgeben, nach ihr zu suchen, bis sie ein lautes Wiehern hörten. Sie folgten dem Geräusch und sahen vor einem Baum, in sich zusammengekauert ein Mädchen mit roten Haaren sitzen. Neben ihr stand Donner, der Gras von der Stelle auf der Wiese fraß, die nicht vollkommen mit Schnee bedeckt war.

„Anna!", riefen Ella und Maria beide gleichzeitig aus, stiegen von den Pferden ab und rannten zu dem Mädchen.

„Was ist passiert? Warum bist du mit Donner weggeritten? Meine Mutter macht sich große Sorgen um dich", platzte es Maria raus, doch Anna hatte weiterhin ihr Gesicht auf ihren Knien abgelegt und wollte den beiden Freundinnen nicht in die Augen sehen.

„Lasst mich in Ruhe!", zischte sie.

„Aber Anna, du musst mit uns zurückkommen. Es ist kalt draußen und dein Vater wird bald kommen, um dich von deinem Reitunterricht abzuholen."

„Wird er nicht…", erwiderte Anna und schüttelte ihren Kopf.

„Aber…", versuchte Maria zu widersprechen, wurde jedoch von Anna unterbrochen.

„Nichts aber! Wenn ihr es genau wissen wollt – meine Eltern lassen sich scheiden. Mein Vater verlässt mich und meine Mutter und ich habe niemanden mehr, dem ich

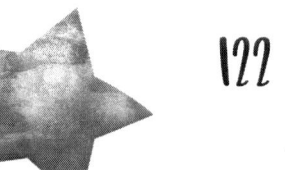

vertrauen kann. Ich bin alleine auf der Welt", schluchzte sie und schaute Ella und Maria zum ersten Mal in die Augen.

„Dass sich deine Eltern scheiden lassen bedeutet nicht, dass sie dich nicht mehr lieben und, dass du alleine auf der Welt bist", sagte Ella sanft und versuchte Anna so ein bisschen zu trösten.

„Doch. Ich habe ihnen vertraut. Ich habe gedacht, dass ich immer mit Mama und Papa zusammenleben werde und jetzt lassen sie sich einfach so scheiden", schrie sie und versteckte erneut ihr Gesicht zwischen ihren Knien.

Weder Ella noch Maria wussten, was sie sagen oder machen sollten und warteten aus diesem Grund ab und gaben Anna die Zeit, die sie brauchte, um sich etwas zu beruhigen. Ella wusste aus eigener Erfahrung, dass es manchmal einfach Momente gab, in denen man alleine sein und nicht gestört werden wollte.

Auf einmal hob Anna ihren Kopf und schaute die beiden Freundinnen mit verweinten Augen an.

123

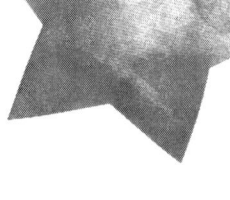

„Ich will nicht, dass sich meine Eltern scheiden lassen", schluchzte sie und Ella nickte.

„Ich verstehe dich", erwiderte sie.

„Meine Eltern haben sich auch getrennt", fuhr sie fort und Anna riss ihre Augen weit auf.

„Wirklich?", fragte sie und Ella nickte mit ihrem Kopf.

„Ja. Aber das ist keine Geschichte, die ich dir hier in der Kälte erzählen werde. Zumal es bald dunkel werden wird. Wir sollten uns wirklich auf den Rückweg machen", versuchte sie Anna sanft dazu zu überreden, gemeinsam mit ihr und Maria zurück zum Reiterhof zu kommen.

„Na gut. Ich komme mit zurück", willigte das rothaarige Mädchen schließlich ein und ging zu Donner.

„Ich glaube, es ist besser, wenn du auf meinem Pferd reitest und ich nehme Donner", hielt sie Maria davon ab, auf den Rücken des wilden Pferdes zu steigen.

„Aber ich habe ihn gut unter Kontrolle. Er war die ganze Zeit hinweg, als ich auf ihm geritten bin, brav und hat nicht einmal nicht gehört oder gebockt", warf Anna ein und Maria seufzte.

„Na gut. Sei aber bitte vorsichtig. Ich möchte nicht, dass sich einer von euch beiden verletzt", warnte sie und stieg dann auf ihr Pferd auf.

Gemeinsam ritten die drei Mädchen zurück auf den Reiterhof, wo sie bereits von Marias Mutter und der Mutter von Anna erwartet wurden.

„Ich will noch nicht nach Hause", teilte Anna ihrer Mutter mit, die sie etwas erstaunt anschaute.

„Ich möchte noch hierbleiben und mit Ella und Maria spielen", erklärte sie, woraufhin Marias Mutter verständnisvoll mit dem Kopf nickte.

„Von mir aus ist das kein Problem. Wenn Sie wollen, können Sie mit in die Küche kommen. Da es jetzt dunkel wird, habe ich eh keine Reitschüler mehr. Ich kann

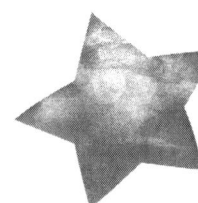

uns einen leckeren Tee kochen und die Kinder haben noch etwas Zeit, um miteinander zu spielen und, um sich zu unterhalten", wandte sich Marias Mutter an Annas Mutter, die ihre Tochter erst fragend ansah, anschließend jedoch die Einladung von Marias Mutter annahm und ihr in das Haus folgte.

Die drei Mädchen gingen hingegen auf den Heuboden und machten es sich dort bequem.

„Also?", richtete Anna das Wort fragend an Ella und schaute sie erwartungsvoll an.

„Also, was?", fragte Ella und spielte mit einem Halm des Strohballens, auf dem sie saß.

„Du hast gesagt, dass deine Eltern auch getrennt sind."

„Ja, das stimmt", seufzte Ella und räusperte sich.

„Meine Eltern sind getrennt, weil sie gemerkt haben, dass sie nicht mehr ohne sich ständig zu streiten, zusammenleben konnten. Jeden Tag fanden sie einen anderen Grund, um sich zu streiten und jeden Abend musste ich mir

die Ohren zuhalten, um das laute Schreien aus der Küche nicht zu hören", erzählte Ella und Anna schien genau zu wissen, was sie meinte.

„Ja, das kenne ich", sagte sie und Ella schenkte ihr ein trauriges Lächeln.

„Ich habe mich damals auch alleine und verlassen gefühlt. Vor allem, als wir wenige Wochen später direkt in eine neue Stadt gezogen sind und ich mich auch von all meinen Freunden verabschieden musste", fuhr Ella fort und atmete tief ein.

„Doch, ich habe schnell gemerkt, dass diese blöde Situation, die ich anfangs als so aussichtslos empfunden habe, viele guten Seiten an sich hatte. Ich habe nicht nur neue Freunde gefunden, sondern eine beste Freundin, auf die ich mich verlassen kann. Ich habe viele neue Sachen gelernt, habe einen Spendenlauf organisiert und anderen Menschen ein Lächeln auf ihr Gesicht gezaubert", sagte sie stolz und lächelte Anna nun nicht mehr ganz so traurig an.

„Ich weiß, dass es wehtut, wenn sich die eigenen Eltern trennen. Aber meine Eltern verstehen sich jetzt

viel besser und ich kann sehr viel entspannter und ruhiger leben, als zuvor. Du bist nicht alleine. Vielen Kindern geht es wie dir. Vielen Kindern ging es wie dir und du wirst immer auf Menschen treffen, die diese Leere in dir füllen werden", machte sie Anna Mut, die Ella dankend anlächelte.

„Danke, Ella", bedankte sich Anna mit einem aufrichtigen Lächeln bei Ella und stand dann auf, um zu gehen.

„Danke auch dir, Maria und entschuldige bitte, dass ich Donner einfach so genommen habe. Aber ich musste einfach alleine sein und wusste nicht, wohin mit mir", gab sie zu. Die beiden Mädchen nickten.

„Ich brauchte einfach jemanden zum Sprechen", fuhr sie fort und schüttelte sanft den Kopf.

„Komischerweise hat es gutgetan, alleine mit mir im Wald zu sitzen und mich mit mir zu unterhalten. Ich hatte fast das Gefühl, als würde mir jemand zuhören", überlegte sie und dachte an ihren Aufenthalt im Wald zurück.

„Du kannst dich immer darauf verlassen, dass dir jemand zuhört. Deine Freunde sind da, deine Eltern, deine Verwandte,
wir und Gott – Gott hört dir auch immer zu, wenn du ihn
brauchst", Erklärte Maria.

„Aber ich bete nie!", warf Anna ein.

„Ich auch nicht", sagte Maria.

„Aber, wenn ich mit jemandem sprechen möchte, der nicht
meine Mutter oder Ella oder ein anderer Freund ist, spreche
ich mit Gott und mit mir selbst. Das hilft mir oft dabei,
meine Gefühle zu verarbeiten und zu verstehen und neue
Sichtweisen zu entwickeln. Probiere es einfach einmal aus",
schlug sie vor und Anna nickte.

Mit einem Lächeln verabschiedete sie sich von Ella und Maria
und ging zu ihrer Mutter, um gemeinsam mit ihr nach Hause
zu fahren.

Ella hingegen betrachtete den Brief, den ihr das Mädchen
aus dem Waisenhaus geschrieben hatte. Dabei dachte sie
daran, dass sie den Brief noch am selben Abend

129

beantworten würde. Sie würde ihn entweder Pfarrer Ludwig oder Frau Braun geben, um sicherzustellen, dass er das Mädchen wirklich erreichte. Sie konnte es kaum abwarten sie anschließend im Waisenhaus zu besuchen und einen Menschen mehr in ihr Leben zu lassen.

Denn Gott findet seinen Weg in das Leben jedes Menschen. Sei es über Handlungen, ein Lächeln an einem traurigen Tag, einen netten Satz oder die reine Anwesenheit eines anderen Menschen. Das hatte Ella in den letzten Monaten gelernt.

Gott handelte nicht nur für sie, sondern auch über sie. Sie war nie alleine und konnte immer darauf hoffen, auf schweren Wegstrecken getragen zu werden, auf holprigen Untergründen begleitet und auf nebligen Wegen geleitet zu werden. Selbst, wenn sie sich sicher war, auf dem richtigen Weg zu sein, konnte sie sich auch sicher darüber sein, von ihm gestützt und im Notfall aufgefangen zu werden. Dafür war sie unendlich dankbar.

Sie war dankbar für alle Erfahrungen, die sie machen durfte. Und sie war dankbar für den frisch gebackenen Kuchen, der in der Küche auf sie und Maria wartete und dessen Duft seinen Weg bis hoch auf den Heuboden gefunden hatte…

Ende